Duden
Lernen lernen

Schultipps für Eltern

Duden
Lernen lernen

Für Schülerinnen und Schüler:

Konzentration
Training von Gedächtnis,
Wahrnehmung und logischem
Denken
4. bis 6. Klasse
ISBN 3-411-71241-4

Lerntipps
Hilfen zur selbstständigen
Verbesserung der Lern- und
Arbeitstechniken
5. bis 7. Klasse
ISBN 3-411-71251-1

**Hausaufgaben und
Klassenarbeiten**
Ein Wegweiser
zur erfolgreichen Bewältigung
5. bis 7. Klasse
ISBN 3-411-71271-6

**Referate – Vorträge –
Facharbeiten**
Von der cleveren Vorbereitung
zur wirkungsvollen Präsentation
9. bis 13. Klasse
ISBN 3-411-71821-8

Für Eltern:

Schultipps für Eltern
Unterstützen Sie
den Lernerfolg Ihres Kindes
4. bis 10. Klasse
ISBN 3-411-71811-0

Duden

Lernen lernen

Schultipps für Eltern

Unterstützen Sie den Lernerfolg Ihres Kindes

von Bernhard Schader
mit Illustrationen von Susanne Bochem

Dudenverlag

Mannheim · Leipzig · Wien · Zürich

Bibliografische Information der Deutschen Bibliothek
Die Deutsche Bibliothek verzeichnet diese Publikation in der Deutschen
Nationalbibliografie; detaillierte bibliografische Daten sind im Internet
über http://dnb.ddb.de abrufbar.

Das Wort **Duden** ist für den Verlag
Bibliographisches Institut & F. A. Brockhaus AG
als Marke geschützt.

Das Werk wurde in neuer Rechtschreibung verfasst.

© *Bibliographisches Institut & F. A. Brockhaus AG,*
Mannheim 2003
Redaktion: *Martin Bergmann, Birgit Hock*
Herstellung: *Eva Bordemann*
Typographisches Konzept, Satz und Gestaltung:
Nebe+Topitsch Design (Susanne Topitsch), München, www.nebe-topitsch.de
Umschlaggestaltung: *Bettina Bank,* Heidelberg
Druck und Bindung: *Stalling GmbH,* Oldenburg
Printed in Germany
ISBN 3-411-71811-0

Liebe Eltern!

Schule und Lernen – das ist schon immer eines der meistdiskutierten Themen zwischen Eltern und Kindern. Gemeinsame Freude über Erfolge und gute Ergebnisse gehört genauso dazu wie Enttäuschung über Schulprobleme und schlechte Noten, nicht selten gibt es Meinungsverschiedenheiten darüber, „wie das denn weitergehen soll". Dabei stellt sich heute für alle Beteiligten immer wieder die Frage, wie man „richtig" lernt: Die rasante Zunahme des Wissens in den letzten Jahrzehnten, die ständig sich ändernden Ansprüche in Ausbildung, Studium und Beruf – dies alles verlangt auch ein anderes Lernen. Zu wissen, wie man lernt, Lernmethoden zu kennen und sie selbstständig auswählen und anwenden zu können – das wird zunehmend wichtig. Für viele Eltern ist das wahrscheinlich Neuland. Selbstständig, eigenverantwortlich zu lernen, das haben die wenigsten früher in der Schule gelernt. Vielleicht später, im Beruf, im Studium …

In diesem Buch finden Sie zahlreiche Hinweise darauf, wie Kinder und Jugendliche lernen können, wie sie selbst am besten und effektivsten lernen. Und auch darauf, wie Kinder so lernen können, dass es ihnen Spaß macht. Wie sie erleben können, dass sie mit ihren Lernanstrengungen erfolgreich sind. Und vor allem: wie Sie als Eltern Ihre Kinder dabei unterstützen können. Vielleicht lernen Sie auch für sich selbst – als Mutter oder Vater – in dem einen oder anderen Kapitel noch etwas Neues …

Auch das Lernen kann man nicht an einem Tag lernen. Lernen braucht Zeit. Sich neue Lernmethoden zu erarbeiten, ist ein Prozess, der sich allmählich und langsam entwickelt. Nehmen Sie sich also etwas Zeit, die vielen Vorschläge und Lerntipps mit Ihren Kindern zusammen auszuprobieren und zu bewerten und das, was sich bewährt, in den Schul- und Familienalltag zu integrieren. Sie werden sehen, wie viel Sie gemeinsam bewegen können.

Viel Spaß dabei wünschen Ihnen *Autor* und *Redaktion*!

- *Arbeiten Sie **aktiv** mit diesem Buch: Lösen Sie Aufgaben, erproben Sie Lernmethoden, schreiben Sie eigene Überlegungen auf.*

- *Überlegen Sie, welche Arbeitsweisen und **Lerntechniken** Sie Ihren Kindern vorschlagen und anbieten können.*

- *Fangen Sie einfach an mit einem Thema, das Sie besonders interessiert. **Querverweise** am Seitenrand oder im Text zeigen Ihnen, wo Sie Informationen zu verwandten Themen finden.*

- *Notieren Sie **eigene Ideen** und **Erfahrungen** an den dafür vorgesehenen Stellen. Schlagen Sie diese immer mal wieder nach und nehmen Sie Korrekturen und Ergänzungen vor. So wird der Band Ihr ganz persönliches „Lernbuch".*

Inhaltsverzeichnis

Die Lust zu lernen

Menschen lernen immer

Lisa stöhnt: Lernen, lernen, lernen. Früher, als sie noch im Kindergarten war und nichts lernen musste, war es viel schöner.
Und Lars schließt sich an: Er ist froh, wenn seine Schulzeit irgendwann vorbei ist, die Lernerei aufhört und das richtige Leben anfängt.

Ein weit verbreiteter Irrtum: Lernen und „richtiges" Leben hätten nichts miteinander zu tun. Aber: Menschen lernen immer. Schon als Babys fangen wir an zu lernen, die Stimme der Mutter oder des Vaters zu erkennen; sitzen, stehen, krabbeln, gehen. Kinder lernen sprechen, lange bevor sie in die Schule kommen – eine grandiose Lernleistung. Leben bedeutet lernen und immer wieder lernen. Schuhe zubinden, Fahrrad fahren, eine Sandburg bauen, mit dem Löffel essen – nichts davon kann ein Mensch bei seiner Geburt, er muss es lernen. Im Allgemeinen lernen Kinder das (und noch viel mehr), bevor sie in die Schule kommen.

Auch während ihrer Schulzeit lernen Kinder und Jugendliche neben der Schule: mit dem Computer umgehen, Klarinette spielen, ein Zelt aufbauen, einen Videorekorder bedienen, mit der U-Bahn durch eine Großstadt fahren, den Bauplan für ein Modellflugzeug verstehen, anderen die Abseitsregel im Fußball erklären – all das lernen Kinder und Jugendliche außerhalb der Schule.

Das Lernen in der Schule ist nur ein kleiner Ausschnitt menschlichen Lernens. Auch wer sich in der Schule schwer tut, lernt ständig Neues dazu. Es gibt keine „schlechten Lerner". Es gibt Kinder, denen das Lernen in der Schule schwerer fällt als außerhalb der Schule. Aber auch sie lernen, auch sie haben Lernerfolge.

Ihr Kind hatte zahllose Lernerfolge, lange bevor es in die Schule kam.
Tragen Sie einige Beispiele ein.

Lernerfolge lange vor der Schule ...

im 1. Lebensjahr:

krabbeln,

im 2. Lebensjahr:

Bilderbücher ansehen,

im 3. Lebensjahr:

sprechen, malen,

im 4. Lebensjahr:

Nikolausgedicht,

im 5. Lebensjahr:

Schuhe zubinden, Fahrrad fahren, Memory spielen,

[Info]

Sprechen zum Beispiel ...
Beim Sprechen muss ein Mensch mehrere Muskelgruppen aktivieren: Zwerchfell, Bauch- und Brustmuskeln, Kehlkopf- und Rachenmuskeln, Zungen-, Mund- und Kiefermuskeln. Damit diese Muskeln koordiniert zusammenwirken, sind etwa 100 Nervenimpulse notwendig – für eine einzige Silbe! Ein Mensch spricht durchschnittlich mehr als 200 Silben pro Minute. (Rundfunkreporter schaffen über 600!) Das bedeutet: mehr als 20 000 Nervenimpulse in einer Minute, exakt aufeinander abgestimmt. Das hat Ihr Kind gelernt, lange bevor es in die Schule kam.

Aber: Diese 20 000 Nervenimpulse zu koordinieren, dient lediglich der Erzeugung von Lauten. Im Prinzip kann das auch ein Papagei. Ihr Kind hat noch viel mehr gelernt: das System einer Sprache zu beherrschen, also z. B. die Bedeutung verschiedener Wörter zu unterscheiden, sinnvolle Sätze zu bilden, andere Menschen zu verstehen ... Das ist eine der großartigsten Leistungen des menschlichen Gehirns. Den allergrößten Teil davon lernen wir ohne Schule.

Lernerfolge
nach der Schule ...

Mutter oder Vater zu sein
haben Sie nicht in der Schule
gelernt! Autofahren auch
nicht. Man könnte Tausende
von Beispielen aufzählen.
Probieren Sie es! Schreiben
Sie einige Beispiele auf:
Was haben Sie als Erwachse-
ner gelernt?

....

....

....

....

....

Mit dem Ende der Schulzeit ist das
Lernen nicht zu Ende. „Ausgelernt" am
Ende der Ausbildung oder des
Studiums – auch das ist lange
vorbei. Im Beruf muss heute jeder
ständig weiterlernen. Eine
Sekretärin, die vor zwanzig Jahren
Maschine schreiben gelernt hat,
arbeitet heute am Computer.
Ein Arzt muss sich ständig neue
Kenntnisse über die Weiterentwicklung
von Diagnose- und Behandlungsverfahren,
medizinischen Geräten oder Medikamenten erarbeiten.
Aber auch außerhalb ihres Berufs lernen Menschen nach ihrer
Schulzeit ständig Neues. Erinnern Sie sich: Ihre neue Stereoanlage.
Ihr erster Versuch, das Wohnzimmer zu tapezieren. Ihr Wissen
über ein Urlaubsland. Irgendwie und irgendwann haben Sie auch
gelernt, wann und wie Sie am besten die Rosen in Ihrem
Garten schneiden. Oder auf was Sie achten müssen, wenn Sie mit
Ihren Kindern verreisen. Und gerade vor ein paar Minuten
haben Sie etwas über das Sprechen gelernt (oder haben Sie das
schon gewusst?).

Sie haben – als Kind, als Jugendliche(r), als Erwachsene(r) – immer
wieder gelernt und zahllose Lernerfolge gehabt. Meistens war
Ihnen gar nicht bewusst, dass Sie gerade wieder am Lernen sind.
Oft hat es Ihnen Spaß gemacht.

Vielleicht sollten Lars´ und Lisas Eltern ihren Kindern das sagen,
wenn sie wieder über das „schreckliche Lernen" stöhnen:
Lernen gehört zum Leben wie essen, trinken und schlafen. Lernen
findet immer statt. Auch in der Schule. Aber genauso auch vor,
neben und nach der Schule. Und lernen macht Spaß: Neues zu
können, zu wissen, Probleme zu lösen – eigentlich kann es kaum
etwas Interessanteres geben.

Lust am Lernen

Lust am Lernen? Bereitschaft zum Lernen? Oje! Das Problem scheint nicht zu sein, dass Schüler den Stoff nicht lernen können, sondern dass sie ihn nicht lernen wollen! So klar und direkt drücken es die Psychologen Wong und Csikszentmihalyi aus. In der Tat scheint die Lernmotivation ein wesentlicher Dreh- und Angelpunkt beim Lernen in und außerhalb der Schule zu sein. Wer nicht lernen will, der lernt nichts – eine Binsenweisheit.

Was können Eltern tun, um ihre Kinder zum Lernen zu motivieren? Eine uralte Frage, nicht einfach zu beantworten. Soll man den Kindern freie Hand lassen beim Lernen, sich möglichst wenig um schulische Angelegenheiten kümmern? Oder sollten Eltern das Lernverhalten ihrer Kinder möglichst umfassend kontrollieren, damit ihre Kinder etwas lernen? Sollen Eltern z. B. jeden Tag die Hausaufgaben ihrer Kinder nachsehen oder sollen sie darauf vertrauen, dass die Kinder sie auch ohne Kontrolle machen? Ist es sinnvoll, wenn Lisas Mutter beim Lernen neben Lisa sitzt? Oder soll Lisa ihre Aufgaben allein in ihrem Zimmer machen? Soll Lars' Vater abends fragen, ob Lars seine Aufgaben gemacht hat?

Und so weiter und so weiter – tausend Fragen, aber was sind die richtigen Antworten? Was können Eltern tun, damit ihre Kinder von sich aus lernen wollen? Es gibt keine allgemein gültigen „richtigen" Antworten. Kinder und Jugendliche sind unterschiedlich, und für jedes Kind gibt es andere Antworten. Niemand kann Ihnen sagen, was die richtigen Antworten für Ihr Kind sind, auch kein Erziehungsexperte. Niemand kennt Ihr Kind so gut wie Sie. Die Expertin (der Experte) für die Erziehung Ihrer Kinder sind Sie. Aber es gibt einige Erkenntnisse, die bei der Suche nach den Antworten helfen können. Edward Deci und Richard Ryan haben die Entwicklung der Lernmotivation von Kindern und Jugendlichen erforscht und wichtige Hinweise dazu gegeben.

[Info] Drei wichtige Erfahrungen
Die Psychologen Edward L. Deci und Richard M. Ryan[1] haben sich in zahlreichen Untersuchungen mit der Entwicklung der Lernmotivation von Kindern beschäftigt. Sie weisen auf drei Faktoren von besonderer Bedeutung hin: Kinder entwickeln dann eine hohe Lernmotivation,
- wenn sie sich *autonom* fühlen, d.h., wenn sie die Erfahrung machen, dass sie in vielen Dingen ihres alltäglichen Lebens frei entscheiden können und nicht unnötig bevormundet werden;
- wenn sie sich *sicher eingebunden* fühlen in ihre Familie und die Erfahrung machen, dass ihre Eltern großes Interesse an ihnen und ihrem alltäglichen Leben haben;
- wenn sie sich als *kompetent* erleben, d.h., wenn sie die Erfahrung machen, dass sie etwas können und etwas zu leisten imstande sind.

Eltern können die Entwicklung der Lernmotivation ihrer Kinder unterstützen, indem sie ihnen mit ihrem Erziehungsverhalten ermöglichen, die entsprechenden Erfahrungen zu machen.

[1] Edward L. Deci und Richard M. Ryan sind Professoren für Psychologie an der Universität Rochester (USA).

Eltern können Kindern die Erfahrung von **Autonomie** auf vielerlei Art ermöglichen: Sie können ihren Kindern, wo immer es sinnvoll und ihrem Alter angemessen ist, Wahlmöglichkeiten anbieten und ihre Eigeninitiative fördern. Das könnte z. B. heißen: Lisa darf selbst entscheiden, wann sie ihre Hausaufgaben macht, mit welchen Aufgaben sie anfängt, dass sie ihre Aufgaben lieber alleine, ohne ihre Mutter, macht ... Und Lars darf selbst entscheiden, wie er sich auf eine Klassenarbeit vorbereitet, mit wem er seine Hausaufgaben macht, ob er mit seinen Freunden auf eine Party geht ...

Bitte tragen Sie ein:

Welche Möglichkeiten sehen Sie, die Eigeninitiative Ihrer Kinder zu fördern?

....

....

In welchen Lebensbereichen könnten Sie ihnen zusätzliche (ihrem Alter angemessene) Wahl- und Entscheidungsfreiheiten lassen?

....

....

Wo könnten Sie die Kontrolle über das Verhalten Ihrer Kinder ein wenig verringern? (Vielleicht erst einmal versuchsweise ...)

....

....

Selbstverständlich sollen Eltern ihren Kindern nicht signalisieren: „Tu, was du willst, uns ist es egal!" Im Gegenteil: Eltern vermitteln ihren Kindern das Gefühl sicherer **Bindung** und Geborgenheit, wenn sie Zeit haben für Gespräche, wenn sie Interesse zeigen an ihren Aktivitäten und alltäglichen Erfahrungen in der Schule und mit Freunden, wenn sie in der Familie für eine Atmosphäre sorgen, die von Wertschätzung und emotionaler Wärme geprägt ist. Dazu gehört auch, dass sie sich – offen und freundlich – mit ihren Kindern auseinander setzen, ihren eigenen Standpunkt gegenüber ihren Kindern vertreten und sagen, was sie von ihnen erwarten.

Informationen zu diesem Thema finden Sie auch im Kapitel „Ganz vertieft" (S. 14).

Natürlich haben Sie Interesse am Leben Ihrer Kinder (sonst würden Sie sicher dieses Buch nicht lesen). Aber: Haben Sie Ihren Kindern heute auf irgendeine Weise gezeigt, dass Sie an ihrem Leben in der Schule interessiert sind? Schreiben Sie bitte auf, wie:

....

Sind Sie zufrieden damit? Was würden Sie gern anders machen? Schreiben Sie bitte auf, was:

....

Wenn Eltern ihren Kindern klare Rückmeldungen geben, wenn sie ihnen z. B. bestätigen, dass sie etwas können, dass sie etwas erreicht haben, dass sie gute Leistungen erbracht haben, dann ermöglichen sie ihnen die Wahrnehmung eigener **Kompetenz.**

Schreiben Sie bitte auf, was Ihre Kinder in den letzten drei Tagen gut gemacht haben (in der Schule, in ihrer Freizeit, in der Familie ...).

....

Wie könnten Sie Ihren Kindern verdeutlichen, dass Sie ihre Leistungen und ihr Können (ganz gleich, auf welchem Gebiet) schätzen?

....

Mehr dazu in den Kapiteln „Ich kann überhaupt nichts ..." und „Na siehst du, du kannst doch ..." (S. 25 und 27).

Ganz vertieft ...

Lisa will nicht. Lernen macht keinen Spaß. Hausaufgaben sind langweilig, öde, doof. Überflüssig sind sie ohnehin. Immer wieder gibt es Streit um dieses Thema, jede Woche mehrmals.
Am Anfang ihrer Schulzeit war es anders: In der ersten und zweiten Klasse hat Lisa ihre Hausaufgaben mit Begeisterung gemacht. Sehr konzentriert, ausdauernd, mit Lust an der Sache. Auch heute kann sie sich in eine Tätigkeit so versenken, dass sie kaum ansprechbar ist, z. B. wenn sie Einrad fahren übt oder in einem ihrer Pferdebücher liest. Aber Hausaufgaben ...

Manche Menschen können sich so in eine Tätigkeit vertiefen, dass sie ihre Umwelt kaum noch wahrnehmen. Nicht nur Bergsteiger, Künstler, Schachspieler, auch Menschen, die einem eher alltäglichen Hobby nachgehen: Bastler, Computerfreaks, Motorradfans, Hobbygärtner ... Bei ihrer Tätigkeit vollbringen sie oft enorme Leistungen, wenden sehr viel Aufmerksamkeit und Energie auf, nehmen erhebliche körperliche und/oder geistige Anstrengungen auf sich. Sie machen keine Karriere damit. Meistens bezahlt sie niemand für ihre Mühen, im Gegenteil, oft investieren sie selbst eine Menge Geld in ihr Hobby. Sie erhalten keine materielle Belohnung, ihre Tätigkeit hat ihr Ziel in sich selbst.

Sie malen, steigen auf Berge, gestalten Computerseiten, forschen, schreiben Aufsätze oder Referate, weil sie es gerne tun. Sie werden immer besser, leisten immer mehr auf ihrem Lieblingsgebiet: Offensichtlich macht es ihnen Spaß, sich immer neuen Herausforderungen zu stellen. Und sie lieben das Gefühl, ausschließlich auf ihre Tätigkeit konzentriert zu sein, völlig selbstvergessen, von ihrer Umwelt nichts anderes mehr wahrzunehmen. Sie fühlen sich effizient und leistungsfähig. Und dieses Gefühl ist ihnen fast jede Anstrengung wert. Der Psychologe Csikszentmihalyi hat dieses Gefühl „Flow" genannt.

Kennen Sie dieses „Flow"-Gefühl aus eigener Erfahrung?

Ja? Dann schreiben Sie bitte möglichst viele Beispiele auf!
Nein? Vielleicht kennen Sie Beispiele von anderen Menschen …

Vielleicht haben Sie bei Ihren Kindern „Flow"-Situationen beobachtet, in denen sie völlig vertieft und selbstvergessen mit einer Tätigkeit beschäftigt waren. Nennen Sie bitte einige Beispiele!

Ist Ihnen in diesen Situationen irgendetwas Besonderes aufgefallen? Was war anders als in anderen Situationen?

[Info]

Der Flow

Csikszentmihalyi[1] und andere Wissenschaftler erforschten das „Flow"-Erleben bei unterschiedlichen Gruppen von Menschen: bei Hochseeseglern, Akademikerinnen, Motorradfahrern, Fließbandarbeiterinnen und -arbeitern und auch bei Schülerinnen und Schülern. Unter anderem beobachteten sie amerikanische Schüler, die – als längerfristige Aufgabe – einen umfangreichen Aufsatz über ein Fachthema schreiben sollten.
Sie stellten immer wieder fest, dass vor allem zwei wichtige Bedingungen erfüllt sein müssen, wenn Menschen „Flow" erleben:

1. Wer Flow erleben will, für den müssen die Ziele seiner Tätigkeit klar sein und die Anforderungen, die die Tätigkeit an ihn stellt.

2. Seine Fähigkeiten und die Anforderungen, die er erfüllen muss, müssen „passen".

[1] sprich: Tschiksentmihaji. Csikszentmihalyi ist Professor für Psychologie an der Universität Chicago.

Zurück zu Lisa und ihren Hausaufgaben. Es muss ja nicht gleich das ganz große Flow-Gefühl sein, das Lisa bei ihren Hausaufgaben erlebt. Aber wenn sie mit etwas mehr Lust zur Sache gehen könnte, wäre schon viel gewonnen. Schauen wir uns doch einmal an, was die Ergebnisse der Flow-Forschung für Schüler bedeuten könnten ...

1. Ziele und Anforderungen einer Tätigkeit müssen klar sein.
Auf Schüler bezogen heißt das: Die „Spielregeln" für das Lernen müssen klar sein, es muss einen eindeutigen äußeren Rahmen geben. Wer ständig darüber diskutiert, wann, wo oder wie er lernt, der hat wenig Spaß und Lust beim Lernen.
Schüler sollten wissen, was von ihnen erwartet wird, welche Ziele sie erreichen sollen, wie ihre Eltern Leistungen, Erfolge und Misserfolge beurteilen und bewerten. Klare Mitteilungen und Rückmeldungen von Eltern und Lehrern sind hilfreich.

Lesen Sie dazu auch das Kapitel „Lust am Lernen" (S. 11).

CHECKLISTE

Sind die „Spielregeln" für das Lernen für Ihre Kinder eindeutig?

Ja ? Nein

■ **Ist der äußere Rahmen klar?**
Gibt es Festlegungen, wann Ihre Kinder zu Hause lernen?
Ist auch geregelt, wie lange sie lernen?
Haben Ihre Kinder einen festen Platz, an dem sie ihre Hausaufgaben machen?

■ **Sind Ihren Kindern die Erwartungen der Eltern klar?**
Wissen Ihre Kinder, ...
... wie viel Mitarbeit und Anstrengung in der Schule Sie sich von ihnen wünschen?
... welche schulischen Leistungen Sie von ihnen erwarten?
... unter welchen Umständen (oder in welchen Fächern) Sie auch mit weniger guten Leistungen zufrieden sind?
... wie umfangreich und ausführlich sie ihre Hausaufgaben erledigen sollen?
... wie exakt, genau und übersichtlich ihre schriftlichen Hausaufgaben sein sollen?

■ **Bekommen Ihre Kinder eindeutige Rückmeldungen von Ihnen?**
Teilen Sie es Ihren Kindern mit, ...

- ... wenn Sie mit einer Leistung unzufrieden sind (z. B. mit einer Hausaufgabe oder mit der Vorbereitung einer Klassenarbeit)?
- ... wenn Sie zufrieden sind?
- ... ob Sie mit ihrer Art zu lernen einverstanden sind oder nicht?

Haben Sie schon das Kapitel „Na siehst du, du kannst doch ... " (S. 27) gelesen?

2. Fähigkeiten und Anforderungen müssen zusammenpassen.

Ist jemand mit einer Arbeit oder eine Freizeitbeschäftigung überfordert, dann verliert er schnell die Lust. Ist er unterfordert, langweilt er sich. In beiden Fällen wendet er wenig Energie und Zeit auf. Am günstigsten ist es, wenn die Anforderungen geringfügig größer sind als die Fähigkeiten, aber nur so viel, dass ein Schüler sie mit etwas Anstrengung bewältigen kann. Wenn Fähigkeit und Anforderungen zusammenpassen, kann eine Aufwärtsspirale entstehen: Wer Anforderungen bewältigt, die eine gewisse Anstrengung von ihm verlangen, dessen Fähigkeiten können sich weiterentwickeln. Und mit weiterentwickelten Fähigkeiten kann er sich höheren Anforderungen stellen ...

Fähigkeiten entwickeln sich

neue Anforderungen werden bewältigt

Haben Sie den Eindruck, dass Ihre Kinder durch die Schule über- oder unterfordert sind? Vielleicht in einem bestimmten Fach, mit manchen Aufgaben, mit den Erwartungen von Lehrern ...?
Wenn ja, dann schreiben Sie bitte auf:
Mit wem könnten Sie darüber sprechen (Lehrer, Elternbeirat ...)?

Wann, bei welcher Gelegenheit könnten Sie darüber sprechen?

Haben Sie einen Lösungsvorschlag?

Ins Gehirn eintrichtern?

„Die Hausaufgaben für Erdkunde sind einfach blöd! Erdöl …! Laaangweilig!" Lars ist hörbar genervt. Der Einwand seiner Mutter, es sei doch interessant, etwas über das Leben der Menschen in anderen Ländern zu erfahren, kann ihn nicht überzeugen.
Und auch der Hinweis seines Vaters, die Erdölproduktion sei schon mehr als einmal der Grund für Krisen und sogar für Kriege gewesen, das sei doch nun wirklich ein wichtiges und spannendes Thema, berührt ihn wenig.
„Spannend? Zwei Seiten habe ich geschrieben, lauter Zeug aus dem Erdkundebuch! Fast eine Stunde habe ich daran gesessen! Mann, war das spannend!"
Er habe da mal eine alte Geschichte von einem Trichter gehört, mit dem man Lernstoff direkt ins Gehirn abfüllen konnte. So etwas hätte er gern. Na ja, meint sein Vater, das mit dem Trichter habe wohl nicht so richtig funktioniert, sonst gäbe es ihn sicher noch. Aber vielleicht könne man da irgendwann etwas Elektronisches machen, Informationen vom Computer direkt ins Gehirn …

Unser Gehirn hat keinen direkten Zugang zur Außenwelt, es gibt keinen „Trichter" ins Gehirn. Alle Informationen, die es aufnimmt, werden zuerst als „Reize" von unseren Sinnen aufgenommen und weitergeleitet.
Die Menschen haben im Laufe ihrer Entwicklungsgeschichte für viele Reize aus der Umwelt „Antennen", d. h. Sinnesorgane, entwickelt, aber nicht für alle. Manche Vögel zum Beispiel haben einen Sinn für Magnetismus, den sie zur Orientierung auf ihren Flügen nutzen. Menschen haben einen solchen Sinn nicht. Ultraschall, ultraviolette Strahlung, radioaktive Strahlung – alle diese Reize wirken auf uns ein, aber wir können sie nicht mit unseren Sinnen wahrnehmen.
Bestimmte Sinnesorgane der Menschen arbeiten relativ undifferenziert, ungenau: Gerüche oder Geschmacksrichtungen können wir weniger exakt feststellen und unterscheiden als Farben oder Töne. Andere menschliche Sinne sind hoch entwickelt: Gehörsinn, Gesichtssinn, Tastsinn.

Auch zum systematischen, bewussten Lernen brauchen wir unsere Sinne: Sie „transportieren" Informationen aus der Umwelt in unser Gehirn. Aber nicht alle Sinne sind gleich gut geeignet zum Lernen. (Der Geruchssinn zum Beispiel hilft wenig beim Lösen von Mathematikaufgaben.) Vorrangig wichtig beim Lernen sind die Augen und die Ohren.

Viele Schülerinnen und Schüler machen – freiwillig oder unfreiwillig – nur wenig Gebrauch von den zahlreichen Möglichkeiten, die diese Sinneskanäle uns bieten. In der Schule müssen sie oft über längere Zeit zuhören, beim Lernen zu Hause beschränken sie sich meistens auf das Lesen und Schreiben. Dabei könnten sie den Lernstoff in viel höherem Maß „sichtbar" und „hörbar" machen.

Mehr darüber finden Sie in den Kapiteln des Abschnitts „Lerntechniken: Aktiv lernen" (S. 54 ff).

Mit Augen und Ohren ...

Es gibt viele Möglichkeiten, mit Augen und Ohren zu lernen. Sicher haben Sie einige Ideen ...
Lisa soll Englischvokabeln lernen. Wie kann sie die englischen Wörter „sichtbar" machen?

....

Wie könnte Lisa Vokabeln „mit den Ohren" lernen?

....

Wie könnte Lisa die Wortarten (Nomen, Verb, Adjektiv ...) „mit den Augen" lernen?

....

Wie kann Lars „sichtbar machen", welche Länder viel, welche wenig Erdöl ausführen?

....

Haben Sie schon in das Kapitel „Vokabeln lernen" geschaut (S. 70)?

[Info] **„... in 6 Stunden einzugießen"**
Es gab ihn übrigens wirklich, den „Nürnberger Trichter". Sein Erfinder war Georg Philipp Harsdörffer (1607–1658). Harsdörffer, ursprünglich studierter Jurist, einflussreiches Mitglied des regierenden Rates der Stadt Nürnberg, betätigte sich auch als Dichter und Übersetzer. 1648 veröffentlichte er ein theoretisches Werk über die Kunst des Dichtens. Es trug den schönen Titel: „Poetischer Trichter oder Anweisung, in 6 Stunden die deutsche Dicht- und Reimkunst einzugießen". Im Lauf von 5 Jahren wurden aus dem „Trichter" 3 Bände. Es ist allerdings nicht bekannt, ob es Harsdörffer gelungen ist, tatsächlich seinen Lesern die Dichtkunst einzutrichtern, oder ob diese wenigstens in der Lage waren, die 3 Bände in 6 Stunden zu lesen.

Wollen Sie es ausprobieren? Schauen Sie nach im Kapitel „Aktiv lernen – ein Test" (S. 54).

Auch aus einem weiteren Grund kann es keinen „Nürnberger Trichter" geben: Welche Informationen in unserem Gehirn „ankommen" und in unserem Gedächtnis dauerhaft gespeichert werden, hängt auch von der Aktivität des Gehirns ab.

Das Gehirn nimmt nicht jede Information in gleicher Weise auf. Wenn wir mit einem anderen Menschen über etwas Wichtiges sprechen, nehmen wir auf, was der andere sagt. Während des Gesprächs werden aber auch andere Sinneseindrücke von unseren Sinnesorganen „weitergeleitet": Straßengeräusche, Gerüche, Telefonklingeln ... Das meiste davon vergessen wir. Den Inhalt des Gesprächs wissen wir aber auch noch am nächsten Tag oder in der nächsten Woche.

Das Gehirn hat diesen Gesprächsinhalt gespeichert, weil er eine Bedeutung für uns hatte. Die Straßengeräusche, das Telefonklingeln hatten keine (oder nur eine geringe) Bedeutung, sie wurden nicht gespeichert. Unser Gehirn „filtert" also Informationen und speichert sie, indem es immer neue Verbindungen zwischen Nervenzellen herstellt. Lernstoff wird – sehr vereinfacht gesagt – umso besser gespeichert, je mehr und je „festere" Verbindungen dieser Art hergestellt werden. Dabei wird immer auch neues Wissen mit altem, bereits gespeichertem verknüpft.

Je mehr Bedeutung ein Lerngegenstand für uns hat, je intensiver wir uns mit ihm beschäftigen, je mehr Verbindungen zu bereits Bekanntem wir herstellen, umso besser wird er im Gedächtnis gespeichert.

Wissen wird nicht ins Gehirn gegossen wie eine Flüssigkeit. Wissen wird durch aktiven Umgang mit dem Lernstoff gespeichert. Deswegen kann es keinen Nürnberger Trichter geben. Schade? Oder vielleicht gerade interessant? Auf jeden Fall nicht so laaaaaangweilig wie Lars' Hausaufgaben.

2

Wissen,
dass ich etwas kann

Selbstsicherheit fördern

Lisa hat oft Angst vor Klassenarbeiten und Tests. Schon Tage vorher fühlt sie sich unwohl, am Tag vor der Arbeit steigt die Angst gewaltig, am Morgen geht sie mit feuchten Händen aus dem Haus, unmittelbar vor der Arbeit wird sie immer blasser, manchmal bekommt sie Magenschmerzen, während der Arbeit ist sie aufgeregt, macht unnötige Fehler, kann manches nicht mehr, was sie gestern noch konnte …
Das Ergebnis der Klassenarbeit ist häufig entsprechend schlecht oder zumindest nicht gut, und Lisa sieht sich bestätigt darin, dass sie nichts kann. Und da sie sicher ist, dass sie es nicht schafft, hat sie wenig Lust zu lernen, und weil sie weiß, dass sie nicht genug gelernt hat, hat sie vor der nächsten Arbeit wieder riesengroße Angst und so weiter und so weiter … Aus der Angst kann ein regelrechter Teufelskreis werden.

Es hilft wenig, den Blick immer und immer wieder auf die Angst zu richten. Wichtiger ist es, Kindern Auswege aus dem Teufelskreis anzubieten. Auswege anbieten heißt vor allem: Die Selbstsicherheit eines Kindes zu fördern und *den Blick auf die Stärken zu richten.* Aber wie macht man das?

Schauen Sie doch einmal in die Kapitel „Ich kann überhaupt nichts …" (S. 25), „Na siehst du, …" (S. 27), „Lust am Lernen" (S. 11) oder „56 Richtige!" (S. 30).

Den Blick auf die Stärken richten

Das Allerwichtigste: Die Blickrichtung ändern! Schauen Sie auf die Stärken Ihres Kindes, auf seine Möglichkeiten und Fähigkeiten! Und richten Sie den Blick Ihres Kindes darauf. Sprechen Sie möglichst wenig von Fehlern, schlechten Noten, Misserfolgen; sprechen Sie über Erfolge, Verbesserungen, gute Leistungen, positive Erfahrungen, auch wenn sie noch so gering erscheinen. Sagen Sie Ihrem Kind, was es gut gemacht hat.

Die Entwicklung von Lernkompetenzen fördern

Kinder, die wissen, dass sie gut lernen können, haben in der Regel weniger Angst. Also ist es wichtig, dass Kinder lernen, effizient und mit guten Ergebnissen zu lernen. Lisa kann mehr Sicherheit erlangen, wenn sie aus Erfahrung weiß, dass sie über geeignete Lernmethoden verfügt, mit denen sie sich den Lernstoff erarbeiten und dauerhaft einprägen kann.

Je kompetenter Kinder sich beim Lernen fühlen, desto mehr Selbstsicherheit können sie entwickeln. In diesem Buch werden Ihnen viele Lernmethoden vorgestellt, die Sie mit ihren Kindern trainieren oder die Sie ihnen vorschlagen können.
Sehen sie nach …

Haben Sie das Kapitel „Planmäßig lernen" (S. 39) gelesen?

Hilfreich ist auch planmäßiges Lernen:
Wenn Lisa über einen längeren Zeitraum in kleinen Etappen lernt, bekommt sie einen besseren Überblick über den Stoff und über das, was sie schon kann.
Die Klassenarbeit liegt dann nicht wie ein riesiger, kaum zu besteigender Berg vor ihr; Lisa kann sich Stück für Stück vorwärts arbeiten.

Gemeinsam lernen – sich gegenseitig unterstützen

Wenn Kinder in Gruppen lernen, können sie voneinander lernen und sich gegenseitig unterstützen. Vor allem aber kann Lisa ein realistischeres Bild von ihren eigenen Kenntnissen bekommen, wenn sie in der Gruppe erlebt, dass sie anderen etwas erklären und Aufgaben genauso gut lösen kann wie andere Kinder. Lesen Sie dazu auch das Kapitel „Lernen im Team" (S. 35).

Verhalten für Stresssituationen trainieren

Oft ist es hilfreich, zu wissen, wie man sich in Belastungssituationen verhalten kann. Lisa könnte üben, wie sie sich am Abend vor der Klassenarbeit entspannen kann oder wie sie bei der Klassenarbeit ihre Ruhe und Konzentration wieder finden kann, wenn sie sich verheddert hat. Bücher, Kassetten und CDs mit Entspannungsübungen finden Sie in Buchhandlungen. Volkshochschulen und ähnliche Einrichtungen bieten regelmäßig Entspannungskurse unterschiedlicher Art an, auch manche Schulen.

Unterstützung koordinieren

Suchen Sie das Gespräch mit Lehrerinnen und Lehrern. Erzählen Sie ihnen von der Angst ihres Kindes und beraten Sie gemeinsam mit ihnen, wie Sie Ihr Kind unterstützen können. Oft ist es schon hilfreich für ein Kind, zu wissen, dass Eltern und Lehrer miteinander gesprochen haben. Manchmal genügt nur eine kleine Änderung im Verhalten einer Lehrerin/eines Lehrers, eine kleine Bemerkung, ein Hinweis, um die Angst eines Kindes zu verringern und ihm mehr Selbstsicherheit zu geben.

Auch hier geht es darum: Stellen Sie die Stärken, die Potenziale des Kindes in den Mittelpunkt.

Überlegen Sie gemeinsam, wo Sie ansetzen können, um Ihrem Kind Erfolgserlebnisse zu ermöglichen und seine Selbstsicherheit zu fördern.

[Info]

Der 2-Minuten-Break

Eine kleine Übung: Was kann Lisa tun, wenn sie während einer Klassenarbeit Angst bekommt und nicht mehr weiterweiß?

• Lisa unterbricht ihre Arbeit für 2 Minuten.

• Sie legt ihren Stift hin und schiebt ihr Heft ein paar Zentimeter weg.

• Sie setzt sich ganz aufrecht hin.

• Lisa schließt die Augen, atmet einige Male ruhig und langsam ein und aus; vor allem atmet sie langsam und lange aus.

• Sie ruft sich ins Gedächtnis, was sie gelernt hat und was sie kann. Sie sagt sich: „Ich kann es. Ich schaffe es."

• Jetzt – nach 2 Minuten – öffnet Lisa die Augen wieder und überlegt, wie sie am besten weitermacht.

Lisa könnte diese kleine Übung zu Hause mehrmals trainieren, damit sie sie im „Ernstfall" sicher durchführen kann.

Professionelle Hilfe in Anspruch nehmen

Es kann auch Fälle geben, in denen die Angst eines Kindes so groß und alles überwältigend ist, dass pädagogische Hilfe und Förderung in der Familie und in der Schule nicht ausreichen, das Kind so weit zu stützen, dass es seine Angst bewältigen und reduzieren kann. In solchen Fällen sollten Eltern unbedingt professionelle Hilfe in Anspruch nehmen.

Sie können sich an eine Beratungsstelle wenden (Beratungsstelle für Eltern, Kinder und Jugendliche; Erziehungsberatung; allgemeine Lebensberatung). Dort werden Sie gut ausgebildete Fachleute treffen, die Ihnen und Ihrem Kind helfen oder Hilfe durch andere – z. B. Kinder- und Jugendlichentherapeuten, Psychotherapeuten – vermitteln können. Beratungsstellen gibt es in jeder Stadt und in jedem Landkreis. Adressen und Telefonnummern stehen im Telefonbuch unter „Beratungsstelle" oder „Erziehungsberatung".

Haben Ihre Kinder Angst vor Klassenarbeiten, Tests oder anderen schulischen Situationen? Schreiben Sie bitte solche Situationen auf:

....

....

Wie bewältigen Ihre Kinder die Angst in diesen Situationen?

....

....

Welche Möglichkeiten sehen Sie, die Selbstsicherheit Ihrer Kinder zu fördern?

....

....

„Ich kann überhaupt nichts ...“

Lisas Note in der letzten Mathearbeit war nicht so toll. Und schon ist sie wieder überzeugt: „Ich kann nichts! Ich weiß nichts! Ich schaffe das nie!!!“

Aus einer schlechten Note in Mathematik wird „Ich kann eben keine Mathematik!“ und daraus wird „Ich kann überhaupt nichts!“. Und daraus wird leicht Entmutigung, Demotivation, keine Lust mehr zum Lernen ...

Auch Eltern kann es passieren, dass sie ihre Aufmerksamkeit nur noch auf die schlechten Noten, Niederlagen, Schwierigkeiten ihrer Kinder richten; auf die Probleme mit der Rechtschreibung, den täglichen Ärger mit den Hausaufgaben; die schlechte Zeugnisnote in einem Fach ...
Die Stärken, die Fähigkeiten ihrer Kinder geraten dabei leicht aus dem Blickfeld.

Dabei kann Lisa doch eine Menge. Auch wenn die letzte Arbeit ein wenig daneben gegangen ist: Normalerweise kann sie Zahlen addieren, multiplizieren, dividieren. Sie kann auch witzige Geschichten schreiben, Landkarten zeichnen, jede Menge Lieder auf ihrer Klarinette spielen, schwimmen, 10 m weit tauchen und 2,50 m tief, ihrer kleinen Cousine erklären, wie man Uno spielt. Den Frühstückstisch decken kann sie auch.

Mehr dazu in den Kapiteln „56 Richtige“ (S. 30), „Na siehst du, ...“ (S. 27), „Lust am Lernen“ (S. 11).

Denken Sie nicht nur an die „großen" Fähigkeiten: die Deutschaufsätze oder die Jugendmeisterschaft im Tischtennis. Ihre Kinder können Hunderte von kleinen, alltäglichen Dingen:
Beim Memory-Spielen die richtige Karte finden, Spaghetti kochen, Witze so erzählen, dass die ganze Familie sich vor Lachen nicht mehr halten kann.

Was können Ihre Kinder? Schreiben Sie alles auf, was Ihnen einfällt. Schreiben Sie so klein wie möglich, damit Sie viele Punkte notieren können. Mit weniger als 50 sollten Sie sich nicht zufrieden geben. 100 wären besser.
Wenn die Seite nicht reicht (sie reicht bestimmt nicht!), schreiben Sie auf einem Blatt Papier weiter. Sie schaffen die 100!

Fähigkeiten meiner Kinder, die ich ganz besonders schätze:

Sport, Freizeit, Spiel:

Technisches:

Künstlerisches:

in der Schule:

Hobbys:

in der Familie:

mit Freunden/-innen:

Na siehst du, du kannst doch ...

„Na siehst du, du kannst doch, wenn du willst!" Oberflächlich betrachtet ein freundlicher Satz, den Lisas Mutter da gesagt hat: „Gut gemacht! Du hast dir Mühe gegeben! Und es hat etwas genützt!" Genau das hat sie gemeint.

Aber für Lisa kann dieser gut gemeinte Satz auch bedeuten: „Na schön, dieses Mal hast du etwas gekonnt. Aber meistens wird es ja nichts. Und das liegt nur an dir. Weil du nicht willst."

Nicht alles, was wir sagen, kommt bei anderen so an, wie wir es meinen. Manchmal „hört" ein anderer das Gegenteil von dem, was wir sagen wollen. Es kommt also darauf an, Mitteilungen an Kinder, z. B. Rückmeldungen über ihr Lernverhalten und ihre Leistungen, möglichst klar und eindeutig zu formulieren, damit das Kind auch wirklich versteht, was man ihm mitteilen will.

Darüber hinaus ist es wichtig, Mitteilungen so zu formulieren, dass sie Kinder ermutigen und unterstützen und nicht entmutigen. Lisas Mutter sollte also darauf achten, dass Lisa keinen heimlichen Vorwurf „hört". Vielleicht könnte sie sagen: „Das finde ich toll, dass du eine gute Note in der Mathearbeit hast!" Dann würde Lisa diesen Satz sicher so verstehen, wie er gemeint ist: als Lob, als positive Rückmeldung über ihre gute Leistung.

Mehr dazu in den Kapiteln „Ganz vertieft" (S. 14) und „Lust am Lernen" (S. 11).

„Gib dir Mühe, dass du auch so gute Noten bekommst."

„Lars hat eine Zwei."

„Lars hat eine Zwei in Englisch."

„Du enttäuschst mich, weil du nicht so gute Noten hast."

„Ich freue mich über die Zwei."

[Info]

Die vier Seiten einer Mitteilung

Nach Friedemann Schulz von Thun[1] hat jede Mitteilung an andere mehr als nur *einen* Inhalt. Er spricht von den vier Seiten (oder Aspekten) einer Nachricht: der Seite des Sachinhalts, der Seite des Appells, der Seite der Selbstoffenbarung und der Seite der Beziehung.
Ein Beispiel:
Lisas Mutter sagt zu Lisa: „Lars hat eine Zwei in Englisch."

• Das ist – auf der Seite des „Sachinhalts" – eine einfache Information: „Lars hat eine Zwei."
• Lisa könnte den Satz aber auch anders verstehen: Auf der Seite des „Appells" könnte sie hören: „Nun gib dir mal Mühe, dass du auch so gute Noten bekommst!"
• Auf der Seite der „Selbstoffenbarung" könnte sie hören, was ihre Mutter über sich selbst mitteilt: „Ich freue mich über diese Zwei."
• Und sie könnte – auf der Seite der „Beziehung" – verstehen: „Du enttäuschst mich, weil du nicht so gute Noten hast." Oder: „Dein Bruder macht mir viel mehr Freude als du."

Dabei wollte Lisas Mutter doch einfach nur erzählen, dass Lars eine Zwei in Englisch bekommen hat ...

Ein Beispiel:
Lisa hat ihre Hausaufgaben gemacht; ihre Mutter findet zwei Fehler, alles andere ist richtig. Sie sagt zu Lisa: „Das ist gut! Du hast fast alles richtig gemacht! Diese beiden Aufgaben solltest du noch einmal nachrechnen ..." Lisa hört also zuerst einmal, dass sie ihre Hausaufgaben gut gemacht hat und dass ihre Mutter mit ihr zufrieden ist; sicher wird sie sich bestätigt und ermutigt fühlen. Die Kritik an den beiden Fehlern wird sie wahrscheinlich leicht akzeptieren können; sie wird sie nicht entmutigen oder ärgern. Lisas Mutter hätte auch sagen können: „Hier ist ein Fehler und da ist noch einer. Der Rest ist ganz gut." Dann hätte sie Lisas Fehler in den Mittelpunkt ihrer Rückmeldung gestellt. Lisa hätte wahrscheinlich nicht so leicht verstanden, dass sie eine ganz gute Leistung erbracht hat, mit der ihre Mutter im Wesentlichen zufrieden ist.

Auf der nächsten Seite finden Sie einige Aussagen, bei denen die Kritik an Fehlern, Mängeln oder schwachen Leistungen im Zentrum steht. Man könnte diese Aussagen auch so formulieren, dass das angesprochene Kind nicht entmutigt, sondern ermutigt wird. Sie werden sicher bei jedem Satz auch einen positiven Ansatzpunkt finden; probieren Sie es doch einmal ...

„Letztes Mal eine Fünf, jetzt eine Vier. Kannst du nicht mal eine gute Note schreiben?"

[1] Friedemann Schulz von Thun ist Professor für Kommunikationspsychologie an der Universität Hamburg.

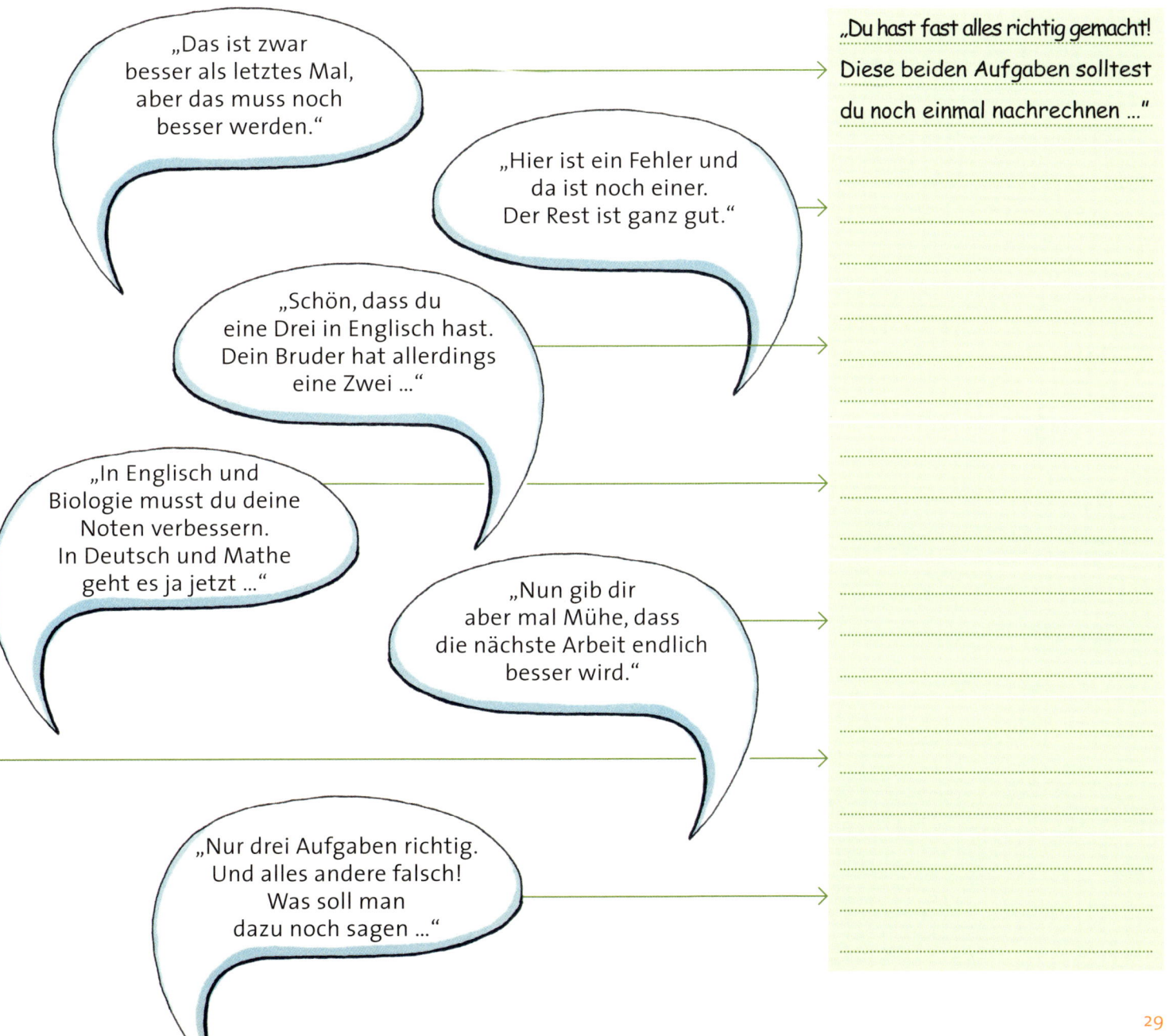

„Das ist zwar besser als letztes Mal, aber das muss noch besser werden."

„Hier ist ein Fehler und da ist noch einer. Der Rest ist ganz gut."

„Schön, dass du eine Drei in Englisch hast. Dein Bruder hat allerdings eine Zwei ..."

„In Englisch und Biologie musst du deine Noten verbessern. In Deutsch und Mathe geht es ja jetzt ..."

„Nun gib dir aber mal Mühe, dass die nächste Arbeit endlich besser wird."

„Nur drei Aufgaben richtig. Und alles andere falsch! Was soll man dazu noch sagen ..."

„Du hast fast alles richtig gemacht! Diese beiden Aufgaben solltest du noch einmal nachrechnen ..."

56 Richtige!

Lisa hat Schwierigkeiten mit der Rechtschreibung. Immer und immer wieder Rechtschreibfehler, in Diktaten, bei den Hausaufgaben, bei Schulübungen. Natürlich kann Lisa auch eine ganze Menge: Sie kann tolle Geschichten schreiben, in Mathematik ist sie bei den Besten ihrer Klasse, sie weiß alles über Tiere und kann wunderbar malen. Aber Lisa sieht fast nur noch ihre Rechtschreibfehler.

Für manche Kindern stehen ihre Schwierigkeiten mit der Rechtschreibung so sehr im Zentrum, dass sie ihre guten Leistungen in anderen Bereichen kaum noch sehen und würdigen können. Auch ihre Rechtschreibleistungen selbst schätzen sie oft unrealistisch ein: Sie glauben, dass sie fast alles falsch schreiben, und nehmen nicht wahr, dass sie die ganz überwiegende Zahl der Wörter richtig schreiben. Die Rechtschreibung liegt vor ihnen wie ein riesiges Problem, das sie nicht bewältigen können.

Es kommt also darauf an, sie dabei zu unterstützen, dass sie ihre Aufmerksamkeit mehr auf ihre Stärken und Leistungen richten und weniger auf ihre Fehler.

Lisa hat die Doppelkonsonanten geübt. Ihre Mutter diktiert ihr einen kurzen Text (50 – 70 Wörter) aus einem Übungsbuch. Danach gibt sie Lisa den Text. Lisa vergleicht den Diktattext und die Sätze in ihrem Heft Wort für Wort. Ihre Mutter fordert sie auf, „Lehrerin" zu spielen. Aber: Sie soll eine ganz besonders nette Lehrerin spielen, die keine Fehler anstreicht, sondern alle **richtig geschriebenen** Wörter markiert und zählt!

Es war einmal ein Mädchen, das truhg immer eine rote Kappe. Darum nanten es alle Leute Rotkäpchen. Eines Tages sagte Rotkäppchens Mutter: „Wir müssen uns um die Oma kümern. Bitte bringe ihr Kuchen und Wein. Aber pas auf, im Wald zwischen den Tannen leuft der böse alte Wolf herrum. Du darfst nicht vom Weg abgehen und keine Blumen am teich sammeln, sonst schnapt er dich!"

56 Richtige!

„56 Richtige!" Lisa jubelt vor Begeisterung. „Ich habe ja das aller-
meiste richtig!"
Lisas Mutter hätte auch – wie es gewöhnlich getan wird –
die Fehler suchen und unterstreichen können. „9 Fehler" würde
genauso den Tatsachen entsprechen wie „56 Richtige".

Für Lisa hat es aber mehrere positive Effekte, dass sie ihre „Richtigen" gesucht hat und dass nicht ihre Mutter die Fehler ange-
strichen hat.
- Lisa hat den vorgegebenen Text und ihre Mitschrift Wort für Wort
  verglichen. Dabei war sie gezwungen, sich jedes Wort genau
  anzusehen. Eine gute Übung für ihre Rechtschreibung und ein
  gutes Training im genauen Arbeiten!
- Lisa hat selbst überprüft, was sie richtig und was sie falsch
  geschrieben hat. Auch das ist wichtig: Sie lernt, ihre Leistungen
  selbst zu kontrollieren und zu bewerten.
- Das Wichtigste aber: Lisa richtet ihre Aufmerksamkeit auf ihre
  Kenntnisse, ihre Leistungen. Und sie kann plötzlich feststellen,
  dass sie ja eigentlich sehr viele Wörter richtig schreiben kann.
  Sie kann ihre Leistungen und ihre Schwierigkeiten in einem
  realistischen Verhältnis sehen: Ich mache zwar Fehler, aber ich
  mache viel mehr richtig als falsch! Damit ist das Ergebnis
  des Übungsdiktats nicht so entmutigend, wie es schon häufig
  war, sondern eher ermutigend.

Jetzt kann Lisa sich beruhigt mit den falsch geschriebenen
Wörtern beschäftigen. Sie hat ja nur 9 Wörter falsch geschrieben,
aber 56 richtig. Natürlich muss sie noch dazulernen und üben –
aber der Berg ist schon viel niedriger geworden, ihre Probleme mit
der Rechtschreibung wird sie Schritt für Schritt bewältigen können. Demnächst wird sie 57 Richtige schaffen, da ist sich Lisa ganz
sicher! Und wenn nicht gleich beim nächsten Mal, dann
eben nächsten Monat.

Nicht nur für Übungsdiktate,
sondern für Hausaufgaben
oder Übungen aus fast allen
Schulfächern gilt:
Es ist gar nicht so schwierig,
die Leistungen, die Erfolge
Ihres Kindes zu betonen und
nicht die Fehler in den Mittelpunkt zu stellen: die richtig
gelösten Mathematikauf-
gaben, die sicher gelernten
Vokabeln ...

Wie könnten Sie es machen?
Bitte notieren Sie hier drei
Möglichkeiten:

1.
....
2.
....
3.
....

Lesen Sie dazu auch das Kapitel
„Ich kann überhaupt nichts ..."
(S. 25).

Lernen zu Hause

Eine Klassenarbeit vorbereiten

Die Klassenarbeit in Geschichte ist danebengegangen. Dabei hat Lars eine Menge dafür getan: Er hat alles gelesen, was in seinem Heft steht. Natürlich hat er auch die infrage kommenden Kapitel im Geschichtsbuch gelesen. Nicht nur einmal, nein: Am Tag vor der Klassenarbeit hat er den ganzen Nachmittag in seinem Zimmer gesessen, stundenlang, und hat gelernt, alles mehrmals gelesen. Sogar nach dem Abendessen hat er sich das Buch noch einmal angeschaut.
Und trotzdem eine schlechte Note! Und nicht zum ersten Mal, es ist ihm schon mehrmals so ergangen! Was soll er denn tun? Noch mehr lernen kann man doch nicht!

So wie Lars geht es vielen Schülerinnen und Schülern: Vor einer Klassenarbeit oder einem Test geben sie sich sehr viel Mühe, aber das Ergebnis ist häufig nicht zufriedenstellend. Irgendetwas scheinen sie falsch zu machen.

Was macht Lars nach Ihrer Meinung falsch?

....

....

Was würden Sie ihm vorschlagen?

....

....

Schülerinnen und Schüler machen bei der Vorbereitung von Klassenarbeiten und Tests häufig drei Fehler:

1. Sie wollen möglichst viel an einem Tag lernen.
Eine alte Erkenntnis der Lernpsychologie besagt, dass man viel mehr lernen kann, wenn man sich das neue Wissen in kleinen „Portionen" über einen längeren Zeitraum erarbeitet. Wer eine Woche vor der Klassenarbeit anfängt zu lernen, hat nicht nur bessere Chancen auf eine gute Note; er behält den größten Teil seines neuen Wissens auch auf Dauer. Wer viel Stoff in kurzer Zeit (z. B. an einem einzigen Nachmittag) lernt, vergisst innerhalb weniger Tage einen großen Teil davon.
Am erfolgreichsten – und auf die Dauer am leichtesten – lernen Schülerinnen und Schüler, wenn sie kontinuierlich lernen, d. h., wenn sie regelmäßig im Unterricht aktiv mitarbeiten, ihre Hausaufgaben machen und gelegentlich bereits gelernten Stoff wiederholen. Wer so lernt, braucht kaum eine zusätzliche Vorbereitung auf eine Klassenarbeit.

Mehr zu diesem Thema finden Sie im Kapitel „Planmäßig lernen" (S. 39).

2. Sie lesen, „schauen sich den Stoff an", lernen aber nicht aktiv.
Wer nur liest, speichert relativ wenig Stoff, weil er nur rezeptiv, passiv lernt. Wer aktiv lernt, d. h. den Stoff, den er sich aneignen will, aktiv bearbeitet, speichert sehr viel mehr Wissen.
In diesem Buch finden sie zahlreiche Vorschläge, wie Kinder und Jugendliche aktiv lernen können. Einige grundlegende Hinweise finden Sie im Kapitel „Aktiv lernen" (S. 54 ff).

3. Sie lernen allein.

Wer gemeinsam mit anderen lernt, hat viele Vorteile: Andere können ihn unterstützen, wenn er etwas nicht richtig versteht.
Er bekommt Rückmeldungen von anderen und kann daher leichter sehen, was er schon kann und was er noch nicht so gut beherrscht.
Er kann seinen Wissensstand mit dem anderer vergleichen, und das kann ihm Sicherheit geben.
Vor allem aber: Wer einem anderen etwas erklärt, der muss sich selbst mit dem Stoff auseinander setzen. Das bedeutet:
Er lernt aktiv.
Und last, not least: Lernen mit anderen macht im Allgemeinen mehr Spaß, und wer mehr Spaß beim Lernen hat, der lernt auch ausdauernder und mehr.

Mehr zu diesem Thema finden Sie im Kapitel „Lernen im Team" (S. 35).

Wie bereiten Ihre Kinder eine Klassenarbeit vor?

....

....

....

Vielleicht haben Sie Ideen, wie Ihre Kinder sich besser und erfolgreicher vorbereiten könnten:

....

....

....

Lernen im Team

Lars hat kürzlich für einen Physiktest zusammen mit zwei Freunden gelernt. Er fand es ziemlich gut, und auch das Ergebnis des Tests war gut. In Zukunft will er auch seine Hausaufgaben gemeinsam mit anderen machen. Es macht ihm einfach mehr Spaß als allein zu lernen. Sein Klassenlehrer unterstützt ihn dabei: Eine Lerngruppe sei eine wirklich vernünftige Sache, meint er. Das will sie dann aber auch machen, hat Lisa sich gleich angeschlossen. Ihre Eltern sind nicht so recht überzeugt vom Lernen in Gruppen. Sie fürchten, dass neben dem Spaß das Lernen zu kurz kommt.

Lesen Sie dazu auch das Kapitel „Eine Klassenarbeit vorbereiten" (S. 32).

Lernen in Gruppen kann wirklich mehr Spaß machen als allein zu lernen. Aber es gibt noch eine ganze Reihe anderer guter Argumente dafür, dass Schüler/-innen in Gruppen zusammen lernen:

Effizienz und Lernerfolg
Kinder lernen nicht nur von Erwachsenen, sie lernen auch sehr viel von und mit anderen Kindern. In Gruppen können sie sich beim Lernen gegenseitig helfen und einander unterstützen. Deswegen ist gemeinsam zu lernen oft effizienter als alleine zu lernen. Viele Lerntechniken kann man nur zusammen mit anderen anwenden: sich gegenseitig abfragen, jemandem etwas erklären, was man gelernt hat, lesen und sich dabei gegenseitig korrigieren, Vokabellernspiele, ein Lernquiz durchführen, dem anderen etwas diktieren ...

Mehr zu diesem Thema im Kapitel „Selbstsicherheit fördern" (S. 21).

Sie arbeiten verantwortungs-
bewusst, sind kreativ und
teamorientiert, haben außerde

produktive Atm

Marktführer weltweit.

Sie zeichnen sich durch eine
kundenorientierte Arbeitsweise
Teamfähigkeit und Flexibilität
aus und verfügen über Grundke
sowie die Bereitschaft, an den st
interessiert und konstruktiv weit

entwickeln zu können setzen wir
ebenso voraus wie eine hohe
Belastbarkeit und Ihre Fähigkeit,
in einem Team tragfähige Lösungen
zu erarbeiten.

Wenn Sie interessiert sind,
senden Sie Ihre
vollständigen Bewerbungsunterlagen
an

Sicherheit

Arbeit in Lerngruppen kann Sicherheit vermitteln: Kinder erleben in der Gruppe, dass auch andere Kinder nicht immer alles wissen und können. Insbesondere Kinder mit geringem Selbstwertgefühl können so erfahren, dass ihre eigenen Leistungen nicht schlechter sind als die anderer Kinder; sie können auf diesem Weg lernen ihre eigenen Leistungen realistischer (und das heißt meistens: positiver) einzuschätzen. In einer Gruppe zu lernen kann daher ganz erheblich zur Reduzierung von Angst und Stress beitragen. Dies gilt vor allem auch für die gemeinsame Vorbereitung von Klassenarbeiten, Tests oder Prüfungen.

Soziales Lernen

In Gruppen müssen Kinder sehr selbstständig lernen und ihren gemeinsamen Lernprozess organisieren. Das erfordert Rücksichtnahme aufeinander, Verständnis und Hilfe füreinander und das Einhalten von Regeln (auch wenn die Regeln nicht ausdrücklich formuliert sind). Es verlangt auch eine gewisse Verbindlichkeit: Eine Lerngruppe kann auf Dauer nur zusammenarbeiten, wenn alle ihre Mitglieder regelmäßig kommen, wenn jede(r) seinen Beitrag zur gemeinsamen Arbeit leistet und die „Spielregeln" der Gruppe einhält. Lernen in Gruppen kann also – zusätzlich zum fachlichen Lernen – in hohem Maß zum sozialen Lernen beitragen.

Lernen für die Zukunft

Kommunikationsfähigkeit, Teamfähigkeit, gemeinsam an einem Projekt arbeiten können: Das sind Qualifikationen, die in immer mehr Berufen gefragt sind. Im Studium, in Fortbildungen – überall, wo Erwachsene lernen, lernen sie auch in Arbeitsgruppen. Das fällt vielen sehr schwer, weil sie es aus ihrer Schulzeit nicht kennen. Also wäre es sicher vernünftig, wenn Kinder und Jugendliche schon als Schüler/-innen lernen, was sie später können müssen: zusammenarbeiten.

olgende Stelle zu ve

Eigeninitiative und
Kommunikationsfähigkeit
sind Ihre Stärken.

Deshalb wünschen wi
Teamfähigkeit, sicheres und
verbindliches Auftreten
sowie die Bereitschaft, si

Die Herausforderung,
in junges kreativ

Lernen Ihre Kinder manchmal gemeinsam mit anderen Schüle-
rinnen oder Schülern?
Wenn ja: Welche Erfahrungen haben Sie damit gemacht?
Welche Erfolge oder Misserfolge erleben Ihre Kinder in einer
Lerngruppe? Wie ist die Zusammenarbeit in der Gruppe?

....

....

Welche Verbesserungsvorschläge könnten Sie Ihren Kindern
(und den anderen Kindern aus der Lerngruppe) für ihre Gruppenarbeit machen?

....

....

Nicht jeder kann alles mit anderen zusammen lernen; manches
muss man auch alleine machen. Es gibt allerdings keine feste
Regel dafür, wer was besser in der Gruppe oder besser allein tut.
Da hilft nur ausprobieren und Erfahrungen sammeln.
Welche Beobachtungen haben Sie bei Ihren Kindern gemacht?
Wann lernen sie besser allein, wann besser mit anderen
zusammen?

....

....

Was könnten oder sollten Kinder nach Ihrer Ansicht in Lerngruppen lernen und üben?

....

....

Welche eigenen Erfahrungen machen Sie (oder haben Sie
gemacht) mit Teamarbeit und Kooperation im Beruf,
in der Ausbildung, im Studium oder in anderen Bereichen?

....

....

REGELN FÜR DIE GRUPPENARBEIT:

- sich gegenseitig zuhören
- aufeinander eingehen
- beim Thema bleiben
- Vorschläge machen und Ideen einbringen
- jeden in der Gruppe akzeptieren und ernst nehmen
- sich gegenseitig helfen

[Info]

Zusammenarbeit lernen
In Gruppen zu arbeiten will gelernt sein. In manchen Schulen trainieren Schüler/-innen systematisch, wie man mit Partner/-innen und in Teams zusammenarbeitet. Wenn Ihr Kind nicht in der Schule gelernt hat, in Gruppen zu arbeiten, sollten Sie es anfangs unterstützen: Fragen Sie nach, wie die Gruppe vorangekommen ist, geben Sie Tipps für das gemeinsame Lernen, machen Sie Vorschläge für die Gruppenarbeitsthemen (den Biologietest vorbereiten, das Erdkundereferat besprechen ...).

Sprechen Sie mit Ihren Kindern über **elementare Regeln der Gruppenarbeit:**
- sich gegenseitig zuhören;
- aufeinander eingehen;
- beim Thema bleiben;
- Vorschläge machen und Ideen einbringen;
- jeden in der Gruppe akzeptieren und ernst nehmen;
- sich gegenseitig helfen.

Planmäßig lernen

Lisa schreibt in einer Woche eine Deutscharbeit über Satzglieder. Nicht gerade ein spannendes Thema, findet sie, aber auch nicht besonders schwer. Eigentlich reiche es doch aus, wenn sie sich das Thema am Tag vor der Klassenarbeit noch einmal ansieht.
Ihre Mutter meint, sie solle lieber gleich heute mit dem Lernen beginnen. Das will Lisa nun wirklich nicht einsehen. Sie hat doch noch eine gaaaanze Woche Zeit, und soooo viel ist es ja nun auch wieder nicht ...

Kinder arbeiten in der Regel nicht von sich aus planmäßig über einen längeren Zeitraum, sie müssen erst allmählich lernen, so zu lernen. Eine alte Erfahrung lehrt aber: Wer am Tag vor der Klassenarbeit stundenlang möglichst viel lernen will, hat schlechte Chancen auf eine gute Note. Wer regelmäßig im Unterricht mitarbeitet, Hausaufgaben macht und Stoff „in kleinen Portionen" wiederholt, der behält mehr, beherrscht die Materie besser und hat weniger Stress.

Sie können Ihr Kind bei der Vorbereitung von Klassenarbeiten und Tests wirkungsvoll unterstützen, wenn Sie mit ihm gemeinsam einen Lernplan aufstellen. Anfangs wird Ihr Kind das nicht ohne Ihre Hilfe können, mit der Zeit sollte es aber auch lernen, selbst zu planen.
Ein Lernplan zur Vorbereitung einer Arbeit, eines Tests oder einer Prüfung sollte mehrere Elemente umfassen; vor allem sollte er zeigen:

• Was lerne ich an welchem Tag?
• Welche Materialien benutze ich?
• Mit wem lerne ich zusammen, von wem kann ich Unterstützung bekommen?
• Was ist erledigt?
• Was sollte ich noch einmal wiederholen?
• An welchem Tag mache ich eine Lernpause?

Haben Sie schon das Kapitel „Eine Klassenarbeit vorbereiten" (S. 32) gelesen?

[Info] Der Plan bietet Lisa eine Reihe von Vorteilen:
• Wenn Lisa nach dem Plan lernt, muss sie an jedem einzelnen Tag nur **wenig Stoff** lernen und wiederholen.
• Sie kommt daher jeden Tag **mit geringem Zeitaufwand** aus.
• Um einen Plan machen zu können, muss Lisa viele einzelne „Unterthemen" benennen und auf die einzelnen Wochentage verteilen. Damit verschafft sie sich einen ersten strukturierten, gegliederten **Überblick über das gesamte Thema.**
• Mit ihrem Plan kann Lisa leicht feststellen, welche Elemente des gesamten Stoffs sie schon gut beherrscht und was sie noch einmal gezielt wiederholen sollte. Das gibt ihr mehr **Sicherheit** im Hinblick auf die Klassenarbeit.

So könnte Lisas Arbeitsplan aussehen:

Tag	Thema	Wie?	Erledigt?	Wiederholen?
Mittwoch	das Subjekt	Deutschbuch S. 33 Heft	✓	
Donnerstag	die Objekte	Schülerarbeitsheft	✓	Genitivobjekt!!! (Buch S. 38)
Freitag	Prädikat	mit Lea zusammen		
Samstag	Pause!!!			
Sonntag	adverbiale Bestimmungen	Poster machen		
Montag	alle Zeitformen	Sätze untersuchen aus dem Lesebuch		
Dienstag	wiederholen	mit Mama: abfragen		
Mittwoch	Klassenarbeit!			

Ein Arbeitsplatz für jeden!

Lisa beschwert sich: Sie könne nicht für ihre Englischarbeit lernen, wenn Lars neben ihr am Tisch sitzt und isst. Lars ist empört: Er habe bis 15 Uhr Schule gehabt, und jetzt dürfe er ja wohl in Ruhe sein Mittagessen essen. Das hier sei schließlich ein Esstisch. Sie könne ja in ihr Zimmer gehen und ihren Kram dort machen. Aber Lisa hat überhaupt keine Lust, alleine in ihrem Zimmer zu sitzen ...
Was ist richtig? Lernt Lisa besser am Esstisch? Im Wohnzimmer? In der Küche? Oder in ihrem eigenen Zimmer?
Kann sie besser lernen, wenn sie allein ist? Oder in der Nähe der Geschwister oder eines Elternteils?

Ganz gleich, ob die Geschichte von Walt Disneys Arbeitsplätzen stimmt oder ob es sich nur um eine hübsche Starlegende handelt: Sie macht ein wichtiges Prinzip deutlich: Viele Menschen können besser, effizienter, konzentrierter arbeiten, wenn sie für verschiedene Tätigkeiten auch verschiedene, voneinander getrennte Bereiche haben.

Für viele Kinder ist es vor allem wichtig, dass sie eine klare Trennung zwischen Freizeit- und Lernbereich wahrnehmen, dass sie einen festen „Arbeitsplatz" für das Lernen haben: einen Schreibtisch im Kinderzimmer (oder einen anderen festen Platz), an dem sie ihre Hausaufgaben erledigen, Klassenarbeiten vorbereiten, Vokabeln lernen ...

Das hat eine Reihe von Vorteilen:
• Wenn sie an ihrem Schreibtisch sitzt, wird Lisa weniger (oder gar nicht) durch andere Familienmitglieder gestört; ob Lars essen, fernsehen oder telefonieren will – Lisa kann in Ruhe für ihre Englischarbeit lernen.
• Lisa kann sich besser auf das Lernen konzentrieren, wenn durch den äußeren Rahmen signalisiert wird: Hier, an meinem Schreibtisch, geht es jetzt um das Lernen, nicht um Spielen, Gespräche, Unterhaltung ...

[Info] Walt Disney soll berichtet haben, er habe regelmäßig drei verschiedene Arbeitsplätze benutzt:
• einen Platz zum Träumen, an dem er Ideen gesammelt und festgehalten hat;
• einen Platz zum Realisieren, an dem er an der Umsetzung und Verwirklichung seiner Ideen gearbeitet hat;
• einen Platz zum Kritisieren, an dem er überprüft hat, ob seine Gedanken und Pläne wirklich brauchbar und vernünftig sind.
Er habe – je nach Aufgabenstellung – bei seiner Arbeit ständig zwischen diesen drei Arbeitsplätzen gewechselt.

Mehr dazu im Kapitel
„Hilfe zur Selbsthilfe –
Lexika und Wörterbücher" (S. 43).

• Ein fester Platz bietet Lisa auch Hilfestellung beim Lernen:
Bücher, Papier, Stifte, Lineal, Atlas, Rechtschreibwörterbuch –
alle notwendigen Hilfsmittel sind in der Nähe; Lisa muss
nicht immer wieder durch die Wohnung laufen und etwas holen.
• Ein fester eigener Bereich zum Lernen kann Lisa auch signalisieren: Hier bin ich selbst zuständig und verantwortlich; meine
Hausaufgaben sind meine Sache. Bevor ich andere frage, muss
ich erst einmal selbst nach einer Lösung für eine Aufgabe suchen.

Um Missverständnisse zu vermeiden: Das soll nicht heißen:
Schicken Sie Ihr Kind in sein Zimmer, schließen Sie die Tür und lassen Sie es alleine vor sich hin arbeiten. Sicher nicht. Lisa sollte
einen Bereich haben, in dem sie ungestört lernen kann, und ihre
Familie sollte diesen Bereich respektieren. Aber Lisa soll sich an
ihrem Schreibtisch nicht ausgeschlossen oder isoliert fühlen:
Natürlich kann sie Lars oder ihre Eltern um Hilfe bitten, wenn sie
alleine nicht weiterkommt.

CHECKLISTE

**Hat Ihr Kind einen festen Platz zum Lernen?
Ist dieser Platz klar abgegrenzt von anderen Lebensbereichen
(Spielen, Essen, Fernsehen ...)?**

Ja ? Nein

■ **Welche Erfahrungen haben Sie gemacht?**
Mein Kind lernt an seinem eigenen festen Arbeitsplatz ...
... selbstständiger
... schneller
... mit besserem Ergebnis
... mit mehr Ausdauer
... konzentrierter
... lieber

Hilfe zur Selbsthilfe – Lexika und Wörterbücher

„Mama, mit wie vielen n schreibt man Dinosaurier?", will Lisa wissen. Die Antwort kommt ganz automatisch: „Mit einem." – Halt! Stopp! Nicht vorsagen!
Eine Alternative: „Mama, wie schreibt man Dinosaurier?"
„Schau doch mal in deinem Wörterbuch nach, bestimmt findest du es heraus."

Vielleicht braucht Lisa am Anfang noch etwas Hilfe im Umgang mit dem Wörterbuch: Wie finde ich ein Wort? Wie sind die Wörter geordnet? Was bedeuten die vielen Abkürzungen? Wie erfahre ich, wie der Plural (die Mehrzahl) eines Wortes gebildet wird? Oder das Präteritum (die Vergangenheit)? Was muss ich überlegen, wenn ich ein Wort nicht finde?
Die meisten Kinder lernen das in der Grundschule. Dennoch haben viele Schülerinnen und Schüler wenig Routine im Umgang mit Wörterbüchern und Lexika, weil sie sie selten benutzen.
Und weil sie wenig Übung haben, finden sie die Suche nach einem Wort oft mühsam und langwierig – also haben auch wenig Interesse und Lust dazu, benutzen das Wörterbuch möglichst selten, haben mit der Zeit immer weniger Übung – ein Kreislauf.
Dabei sind Wörterbücher und Lexika ganz hervorragende „stille Helfer" beim Lernen.

Das Rechtschreibwörterbuch
Zur Grundausstattung eines Schülerarbeitsplatzes gehört auf jeden Fall ein Rechtschreibwörterbuch. Es informiert in erster Linie darüber, wie ein Wort geschrieben wird und wie man es trennen kann, außerdem enthält es zahlreiche andere Informationen, z. B. über das Geschlecht und den Artikel eines Nomens oder darüber, wie bestimmte Formen eines Worts lauten, etwa die Mehrzahl oder Vergangenheitsformen. Es gibt Hinweise zur Aussprache und/oder zur Betonung eines Worts. In manchen Fällen erklärt es auch die Bedeutung eines Worts, gibt Sachinformationen und Hinweise zur Aussprache und Betonung.

[Info]

Hilfe zur Selbsthilfe
Vielen Eltern fällt es schwer, nicht direkt zu antworten, wenn ihr Kind eine Frage stellt. Warum auch sollte Lisas Mutter ihrem Kind nicht helfen? Schließlich soll Lisa doch lernen, wie man richtig schreibt.
Natürlich ist es angenehm für Lisa, wenn ihre Mutter ihr bei Fragen zur Rechtschreibung hilft. Aber Lisa ist mehr geholfen, wenn ihre Mutter sie nicht direkt, sondern indirekt unterstützt: Wenn sie ihr dabei hilft, sich selbst zu helfen. Schließlich soll Lisa nicht nur lernen, wie man Wörter richtig schreibt, sondern auch, wie man selbstständig lernt. Das dauert ein bisschen länger. Es ist auch etwas anstrengender, als wenn die Mutter die richtige Lösung gleich mitteilt. Aber Lisa lernt allmählich einen sicheren Umgang mit Nachschlagewerken. Und sie erfährt, dass sie Aufgaben allein, ohne die Hilfe anderer lösen kann. Und diese Erfahrung wiederum wird ihr Selbstwertgefühl stärken.

Für jüngere Schülerinnen und Schüler (bis zur 6. Klasse) empfiehlt sich die Schülerausgabe eines Wörterbuchs, z. B. der „Schülerduden – Rechtschreibung und Wortkunde". Sie ist weniger umfangreich und daher für Kinder leichter zu benutzen. Und sie ist dünner und leichter und daher einfacher in der Schultasche unterzubringen.

Viel mehr als Rechtschreibung ...

Wollen Sie es ausprobieren? Alle folgenden Fragen können Sie mithilfe des „Rechtschreib-Dudens" beantworten, schnell und mit ganz wenig Blättern und Suchen.

Was ist eigentlich „Wagadugu"?
- ☐ eine kirgisische Rinderart?
- ☐ ein Sternbild?
- ☐ eine Großstadt?
- ☐ ein vietnamesisches Reisgericht?

- Welche Silbe dieses Worts ist betont?
- Wird diese Silbe kurz oder lang gesprochen?
- Wie kann man das Wort trennen?
- Wie kann man dieses Wort anders schreiben?
- „Wagadugu" hat etwas mit einem bestimmten Land zu tun. Wie heißt dieses Land?
- Wie nannte man das Land früher?
- Auf welchem Kontinent liegt es?
- Wie nennt man die Bürger dieses Landes?

Fremdsprachenwörterbücher

Auch ein Englischwörterbuch hat Lars in seinem Regal stehen. Vergessene Vokabeln aus den Schulbüchern der letzten Jahre, unbekannte Wörter in Popsongs oder Filmen – Lars findet ständig einen Grund, ein englisches Wort nachzuschlagen.

Ein **Fremdsprachenwörterbuch** sollte zur Grundausstattung eines Schülerarbeitsplatzes gehören. In praktisch jedem Studium sind Studentinnen und Studenten darauf angewiesen, fremdsprachige Fachliteratur lesen und verstehen zu können. Und in immer mehr Berufen müssen Menschen internationale Kontakte wahrnehmen und pflegen und sich in Englisch verständigen können, oft auch in anderen Sprachen. Das ist ohne den gelegentlichen Blick in ein Wörterbuch kaum zu schaffen. Lars wird es leichter haben, wenn er bereits als Schüler eine gewisse Routine im Umgang mit dem „dictionary" entwickelt hat.

Lexika

Seit Lisa entdeckt hat, wie interessant Lars' **Lexikon** ist, gibt es gelegentlich ernsthaften Streit darum. Lisa schleppt gelegentlich einen Band des Lexikons in ihr Zimmer und bringt ihn nicht wieder zurück. Und Lars behauptet, dass er sein Lexikon ständig braucht, schon allein für seine Hausaufgaben in Deutsch, Sozialkunde, Erdkunde, Biologie, Geschichte ... Lisa solle sich gefälligst ihr eigenes Lexikon zulegen, fordert er jetzt.

Lexika sind in der Tat nicht nur schier unerschöpfliche Informationsquellen in allen Wissensgebieten. Sie bieten Lisa und Lars auch die Möglichkeit, sich selbstständig Antworten auf viele Fragen zu beschaffen.

In jeder Buchhandlung finden Sie zahlreiche Angebote: ein- und mehrbändige Lexika, fest gebunden oder als Taschenbücher, edel aufgemacht oder schlicht, für Kinder, Jugendliche oder Erwachsene. Und für Schüler der Oberstufe gibt es Fachlexika und Schülerduden zu verschiedenen Schulfächern, die vor allem in Leistungskursen nützlich sein können.

Kennen Sie schon das Kapitel „Ein Arbeitsplatz für jeden" (S. 41)?

Informationen über CD-ROM- oder DVD-Lexika für den Computer finden Sie im Kapitel „Hausaufgaben am PC?" (S. 47).

Abbildung linke Seite: „Duden – Die deutsche Rechtschreibung", 22. Auflage

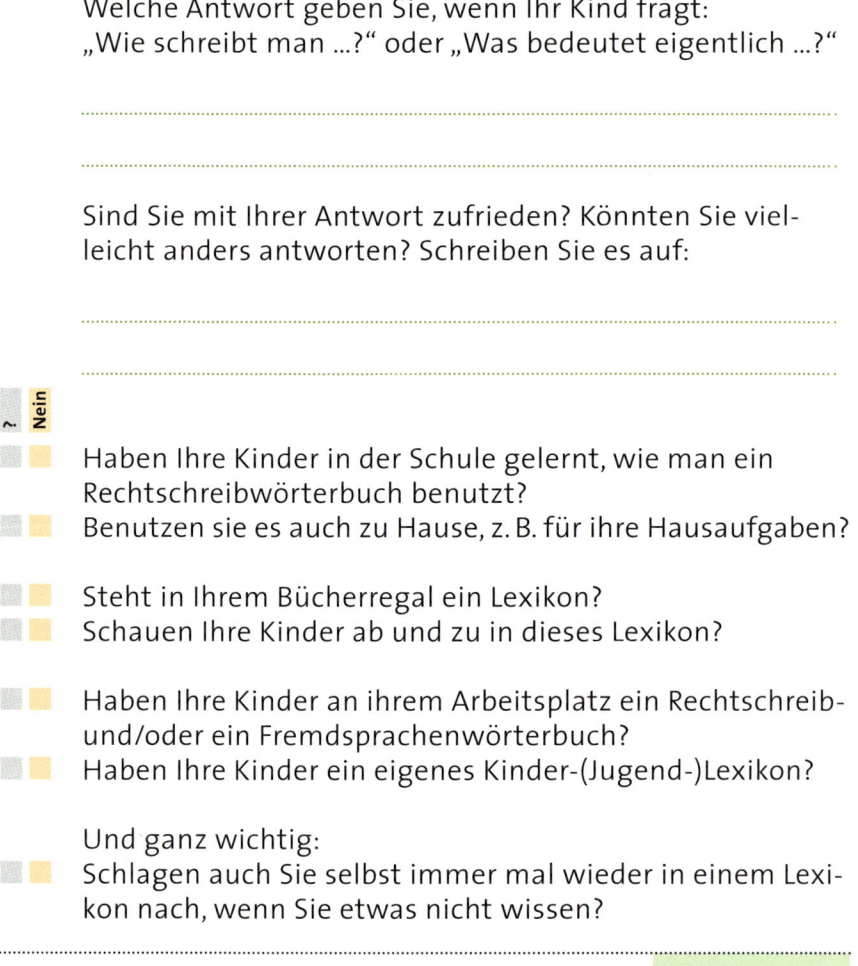

CHECKLISTE

Welche Antwort geben Sie, wenn Ihr Kind fragt:
„Wie schreibt man …?" oder „Was bedeutet eigentlich …?"

....

....

Sind Sie mit Ihrer Antwort zufrieden? Könnten Sie vielleicht anders antworten? Schreiben Sie es auf:

....

....

Ja	?	Nein	
☐	☐	☐	Haben Ihre Kinder in der Schule gelernt, wie man ein Rechtschreibwörterbuch benutzt?
☐	☐	☐	Benutzen sie es auch zu Hause, z. B. für ihre Hausaufgaben?
☐	☐	☐	Steht in Ihrem Bücherregal ein Lexikon?
☐	☐	☐	Schauen Ihre Kinder ab und zu in dieses Lexikon?
☐	☐	☐	Haben Ihre Kinder an ihrem Arbeitsplatz ein Rechtschreib- und/oder ein Fremdsprachenwörterbuch?
☐	☐	☐	Haben Ihre Kinder ein eigenes Kinder-(Jugend-)Lexikon?

Und ganz wichtig:

| ☐ | ☐ | ☐ | Schlagen auch Sie selbst immer mal wieder in einem Lexikon nach, wenn Sie etwas nicht wissen? |

Stehen Rechtschreibwörterbücher, Fremdsprachenwörterbücher und Lexika in den
Klassenräumen Ihrer Kinder?
Wenn nicht: Vielleicht wollen
Sie beim nächsten Elternabend
einen Vorschlag machen …

Hausaufgaben am PC?

Lars will seine Hausaufgaben in Zukunft am Computer schreiben. Schulhefte? Das war früher, meint er. Seine Eltern sind unsicher: Ob er denn mit seinen Lehrern darüber gesprochen habe? Mit der Deutschlehrerin, sagt Lars. Und die sei sehr dafür! Mit den anderen Lehrern hat er noch nicht gesprochen. Aber heutzutage mache man doch alles am PC ...

Lernen am Computer hat einige Vorteile:

Texte schreiben
Vor allem beim Verfassen von Texten ist ein Computer auch für Schüler/-innen sehr hilfreich. Stichpunkte sammeln und ordnen, eine Gliederung entwerfen und umstellen: Das ist am Computer einfacher und exakter zu machen als auf Papier, weil man Wörter und Sätze verschieben und immer wieder neu anordnen kann. Das Gleiche gilt für das Schreiben des endgültigen Texts: Lars kann Sätze „probeweise" schreiben und immer wieder verändern. Wenn er das in seinem Heft oder auf einem „Schmierblatt" macht, wird er schnell die Übersicht verlieren: durchstreichen, darüber schreiben, auf den Rand schreiben, Pfeile malen: Ein „von Hand" gründlich überarbeiteter Text ist schwer lesbar. Ein am Computer geschriebener Text bleibt auch nach der vierten oder fünften Änderung noch übersichtlich und leicht lesbar.

Erfahrungsgemäß sind viele Schülerinnen und Schüler, wenn sie etwas am Computer geschrieben haben, eher bereit, ihren Text zu überarbeiten und Fehler zu verbessern, als wenn sie mit der Hand geschrieben haben.
Hausaufgaben für Deutsch, Geschichte, Sozialkunde, Erdkunde, Biologie, Religion usw. – hier kann der Computer sehr oft das geeignete Arbeitsmittel sein. Auch Referate und umfangreiche Facharbeiten lassen sich sehr gut am Computer erstellen und überarbeiten.

Rechtschreibfehler am PC?
Ein weiterer Vorteil beim Schreiben: die Rechtschreib-kontrolle. Textverarbeitungs-programme weisen auf Recht-schreibfehler hin und bieten (meistens mehrere) Verbesserungs-vorschläge an. Wer am PC schreibt, bekommt also automatisch eine Rückmeldung über eventuelle Fehler. Das ist vor allem ein Vorteil für Kinder und Jugendliche, die in der Rechtschreibung nicht sehr sicher sind. Wer mit der Hand schreibt, hat diesen Vorteil nicht. Voraussetzung ist natürlich, dass die Rechtschreibkontrolle eingeschaltet ist. Manche Jugendliche schalten die Rechtschreibkontrolle ab, weil sie die Hinweise auf Fehler als „störend" empfinden. Sie sollten darauf achten, dass Ihre Kinder sich nicht auf diese Weise selbst „austricksen"!

Allerdings: Auch das beste Recht-schreibprogramm kann nicht alle Fehler finden, weil der Computer nicht „versteht", was sein Benutzer schreibt. Eine eigenständige Über-prüfung eines Texts auf Recht-schreibfehler ist also nach wie vor notwendig.

Lesen Sie dazu auch die Kapitel „Hilfe zur Selbsthilfe – Lexika und Wörterbücher" (S. 43) und „Ein Referat aus dem Internet?" (S. 50).

Seiten gestalten

Ein weiterer Pluspunkt: Mit dem Computer kann man Seiten sehr übersichtlich gestalten: Überschriften, Absätze, farbliche Her-vorhebungen, Abstände – das alles lässt sich mit ein wenig Übung sehr einfach, aber wirkungsvoll mit dem PC erstellen und anordnen.
Texte können durch Tabellen, Grafiken, Bilder, zusätzliche Informationskästen ergänzt und erweitert werden – das ist insbesondere bei Referaten, Facharbeiten oder Projektmappen hilfreich. Damit werden nicht nur Textseiten „schöner" und einprägsamer. Auch die Struktur, die Gliederung eines Themas wird besser „sichtbar". Und auch hier gilt: Eine (oder mehrere) Seite(n) am Computer zu gestalten, bedeutet auch, sich aktiv mit dem Thema auseinander zu setzen und damit mehr über das Thema zu lernen.

Sich informieren

Sehr empfehlenswert: ein Lexikon auf CD-ROM oder DVD.
Ein solches Multimedia-Lexikon hat erhebliche Vorzüge gegenüber einem gedruckten Lexikon. Über einen Musiker nicht nur etwas lesen und sein Bild sehen, sondern auch einige Takte seiner Musik hören, über ein zeitgeschichtliches Ereignis einen Videofilm sehen, die Stimme einer bedeutenden Person hören, per Video-Animation oder Trickfilm sehen, wie eine Schleuse oder ein Farbfernseher funktioniert, Objekte selbst drehen und von verschiedenen Seiten ansehen – das kann nur ein Computer bieten. Dazu kommen zahllose Querverweise auf andere Lexikonartikel und Medien, Links zu Internetseiten und viele weitere Extras – eine interessantere, besser anwendbare und nutzbare Informationsquelle können Sie Ihren Kindern kaum zur Verfügung stellen!

Lernsoftware

Sehr unübersichtlich ist der Markt für Lernsoftware. Es gibt eine große, kaum noch überschaubare Zahl von Angeboten, die Qualität lässt aber häufig zu wünschen übrig. Manche „Lernprogramme" stellen kaum mehr dar als Schulbuchseiten oder Arbeitsblätter auf dem Bildschirm. Lückentexte ausfüllen, richtige Antworten ankreuzen, einfache Sätze schreiben – die Anforderungen an die „Computerkids" sind oft nur gering. Viele Programme verlangen eher passives, rezeptives Lernen und regen Kinder und Jugendliche nur wenig zum selbstständigen Denken und aktiven Lernen an.

Es gibt Lernsoftware, die auf Schulbücher abgestimmt ist, z. B. für Fremdsprachen. Sie kann als Ergänzung zum Unterricht zu Hause genutzt werden. Fragen Sie die Fachlehrerin oder den Fachlehrer Ihres Kindes danach!

Ein Referat aus dem Internet?

Nur so zum Spaß: Probieren Sie es doch einmal selbst!

[Info] Das große Problem des Internets: Es bietet fast unendlich viele Informationen an, aber es ist häufig sehr schwierig, sich in dieser Fülle von Informationen zurechtzufinden. Lars kann nicht 231 Internetseiten nach Informationen für sein Referat durchsuchen (zumal er aus Erfahrung weiß, dass eine Internet-„Seite" sehr oft weit mehr als eine Seite umfasst).

Lars soll ein Erdkundereferat über Vulkane in Europa halten. Kein Problem, sagt er sich, da finde ich etwas im Internet. Lars kennt sich ganz gut aus: Er sucht mithilfe einer „Suchmaschine" nach Internetseiten über Vulkane. Er gibt das Stichwort „Vulkane" ein, und einige Sekunden später liefert die Suchmaschine Hinweise auf Internetseiten zu seinem Thema. Zu dumm allerdings: Sie bietet ihm mehr als 30 000 verschiedene Internetseiten an. Ein bisschen viel, findet Lars. Er gibt ein neues Stichwort ein: „Vulkanismus". Immerhin, jetzt verweist ihn die Suchmaschine „nur" noch auf etwa 10 000 Seiten.
Aber Lars gibt nicht auf: Er schaltet um auf „Erweiterte Suche". Jetzt kann er genauer suchen (lassen), indem er mehrere Stichworte gleichzeitig eingibt. Er trägt die Stichworte „Vulkanismus" „Aetna" und „Vesuv" ein und gibt an, dass die Suchmaschine nur Internetseiten suchen soll, auf denen alle drei Stichworte vorkommen. Ein großer Erfolg: Nur noch 231 Seiten werden angeboten.

Na schön, sagt sich Lars, ich kann und muss ja nicht alle 231 Internetseiten lesen. Manchmal hilft ja der Zufall, und auf gut Glück klickt er die Seite an, die ihm die Suchmaschine als Erste in der Liste anbietet. Bingo: „schulhof.de" serviert ihm ein fertiges Referat über Vulkane in Italien! Kurz, knapp, professionell gestylt – genau, was er braucht. Vorsichtshalber klickt er noch den zweiten Vorschlag in der Liste an: „onka" präsentiert ihm wortwörtlich das gleiche Referat, nur äußerlich weniger professionell aufgemacht. Da hat wohl jemand abgeschrieben ... Egal, denkt Lars, wunderbar – speichern, meinen Namen einsetzen, ausdrucken, durchlesen – so schnell habe ich noch nie ein Referat geschrieben! Und es ist aus dem Internet – da wird es schon in Ordnung sein.

Nutzen Ihre Kinder das Internet zum Lernen, z. B. für die Erarbeitung eines Referats?
Welche Erfahrungen haben Sie dabei gemacht?

....

....

....

Für „sein" Referat hat Lars nur eine Vier minus bekommen. Er konnte die Fragen, die seine Erdkundelehrerin nach seinem Vortrag an ihn stellte, nicht gut beantworten. Auch auf Zwischenfragen seiner Mitschüler wusste er wenig zu sagen. Peinlich! Das Referat selbst sei etwas „dünn" gewesen, meinte die Lehrerin. Außerdem komme es ihr auch bekannt vor; ob das etwa aus der Referatsammlung von „schulhof.de" sei, das habe ihr doch im letzten Schuljahr schon einmal ein Schüler abgegeben ...

Klar: Wer, wie Lars, ein Referat einfach nur irgendwo abschreibt (bzw. ausdruckt), der hat sich den Stoff nicht richtig erarbeitet. Er kann bei seinem Vortrag nicht viel mehr tun als „seinen" Text abzulesen. Fragen beantworten, einen Punkt des Themas genauer erläutern: Dafür reichen seine Kenntnisse nicht aus. Fazit: Er selbst hat nichts oder nur wenig dazugelernt, seine Mitschüler/-innen lernen vermutlich gar nichts bei seinem Referat, und die Lehrerin (oder der Lehrer) reagiert möglicherweise recht unfreundlich.

Und: Viele Lehrerinnen und Lehrer kennen die einschlägigen Internetseiten inzwischen auch.

[Info] Im Internet gibt es eine ganze Reihe von Referatsammlungen und Hausaufgabenhilfen.

Die Referate sind zum Teil wirklich von Schülerinnen und Schülern geschrieben und gesammelt, zum Teil aber auch von Fachleuten (bisweilen auch nur von angeblichen „Fachleuten"). Und häufig kann man feststellen, dass da einer beim anderen abgeschrieben hat.

Leider sind viele dieser Referate, Facharbeiten oder Hausaufgaben von sehr bescheidener Qualität. Da jeder im Internet veröffentlichen kann, was er für richtig hält, ist längst nicht immer garantiert, dass die Informationen richtig, vollständig und für Schüler gut verständlich sind. Zum Vergleich: Bücher werden in der Regel von wirklichen Fachleuten geschrieben und zusätzlich von Lektoren oder Redakteuren in Verlagen bearbeitet. Das Risiko, falsche oder schlecht aufbereitete Informationen zu bekommen, ist deshalb bei Büchern sehr viel geringer als im Internet.

[Info] Lars war nicht sehr erfolgreich
mit seiner Internetrecherche.
Trotzdem: Die Informations-
suche im Internet hat durchaus
auch Vorteile:

• Das Internet bietet einen sehr
schnellen Zugriff auf viele Informationsquellen, direkt zu Hause
am Schreibtisch.

• Oft sind die Informationen auf
einem aktuellen Stand, manchmal
auf aktuellerem Stand als Bücher.

• Bilder, Grafiken, Zeichnungen
können leicht ausgedruckt und bei
einem Referat verwendet werden,
z. B. auf Overheadfolien oder
Postern.

• Für Kenner: Materialien aus dem
Internet lassen sich auch leicht für
Computerpräsentationen (z. B. mit
PowerPoint®) verarbeiten.

Lesen Sie dazu auch das Kapitel
„Hausaufgaben am PC?" (S. 47).

Das Internet zum Lernen nutzen – aber wissen, wie …
Wenn Lars das Internet zum Lernen nutzen will, dann sollte er sich
vor allem Folgendes klar machen:

Was suche ich?
Lars sollte so exakt wie möglich **das Thema seines Referats** klären.
Er sollte sich fragen: Was will ich eigentlich wissen?
Lars könnte beispielsweise fragen: Suche ich Informationen über
Vulkanismus ganz allgemein? Oder über bestimmte Vulkane
(z. B. den Aetna oder den Vesuv)? Oder über vulkanische Aktivitäten
in bestimmten Regionen (z. B. Vulkanausbrüche in Süditalien im
20. Jahrhundert)? Oder über Vulkane in bestimmten Zusammen-
hängen (z. B. Vulkane und Geysire)?
Wenn Lars diese Fragen geklärt hat, kann er gezielter suchen und
„ertrinkt" nicht so leicht im Meer der zahllosen Internetseiten.

Wo suche ich am besten?
Lars kann **Suchmaschinen** benutzen (z. B. google, yahoo, lycos und zahlreiche andere) und sie nach bestimmten Stichwörtern suchen lassen.

Das Ergebnis dieser Suche ist aber oft so umfangreich, dass man häufig doch wieder auf „Zufallstreffer" angewiesen ist, so wie Lars, als er auf gut Glück die ersten beiden angebotenen Seiten angeklickt hat.

Erfolgversprechender ist die **gezielte Suche auf bestimmten Internetseiten.**
Es gibt z. B. einige „Contentangebote" im Internet, die auf Nachschlagewerken basieren (z. B. *www.schuelerlexikon.de* und andere). Sie bieten Texte und Materialien aus Lexika und Enzyklopädien aus verschiedenen Fachrichtungen und Ausarbeitungen von Fachredakteuren an. Dahinter stehen Wissenschafts-, Lexikon- und Zeitungsverlage, die für seriöse Informationen garantieren. Zwar ist nur ein Teil dieser Informationen kostenlos zugänglich; in der Regel ist dieser Teil für Schülerreferate aber ausreichend.
Zu dieser gezielten Suche braucht man allerdings einige Vorkenntnisse; man muss wissen, welche brauchbaren Seiten es gibt.
Lars sollte daher erst einmal seine **Lehrerin fragen,** ob sie ihm eine Internetseite zum Thema empfehlen kann.

Wie nutze und verarbeite ich die Informationen aus dem Netz?
Lars sollte sich auch Stoff aus dem Internet **aktiv erarbeiten:**
lesen, markieren, umformulieren, kürzen, in Diagramme, Grafiken, Zeichnungen umsetzen usw. Dabei sollte er auch überprüfen, wie er die Informationen aus dem Internet **mit Informationen aus anderen Quellen** verbinden kann (z. B. aus Schulbüchern, Fachbüchern oder Lexika).
So kann er sich sein eigenes, dauerhaftes Wissen erarbeiten und schließlich sein eigenes Referat halten.

Welche Vorteile sehen Sie in der Nutzung des Internets beim Lernen?

Welche Nachteile und Probleme?

Lerntechniken: Aktiv lernen

4

Aktiv lernen – ein Test

Klassenarbeit Geschichte: Lars hat den Text über die Pyramiden aufmerksam gelesen. Aber beim Test am nächsten Tag konnte er die meisten Aufgaben nur mit Mühe bearbeiten. Eine alte Erfahrung: Was wir nur lesen, vergessen wir zu einem großen Teil. Von dem, was sie nur hören, vergessen viele Menschen noch mehr. Wirklich viel behalten wir dann, wenn wir einen Stoff aktiv bearbeiten.

Haben Sie schon das Kapitel „Eine Klassenarbeit vorbereiten" (S. 32) gelesen?

Vielleicht wollen Sie das für sich selbst überprüfen? Machen Sie einen kleinen Test! Stellen Sie sich vor, Sie müssten morgen einen Geschichtstest schreiben, so wie Lars. Auf den folgenden Seiten finden Sie zwei Texte über den Bau ägyptischer Pyramiden bzw. über das berühmte Orakel von Delphi, dazu verschiedene Vorschläge, wie Sie den Inhalt der Texte – als Vorbereitung für Ihre „Klassenarbeit" – lernen können. Probieren Sie beide Möglichkeiten aus und überprüfen Sie danach, mit welcher Methode Sie den „Stoff" besser behalten haben.

Teil 1: Ägypten
Lesen Sie den Text über den *Bau der Cheopspyramide* (auf der nächsten Seite) aufmerksam durch. Achtung: Bitte nur lesen, nichts anstreichen oder aufschreiben!
Nur lesen: Mit dieser Methode lernen viele Schülerinnen und Schüler. Das Ergebnis bei dieser Lernmethode ist im Allgemeinen nicht erfreulich: Man behält relativ wenig vom Inhalt der gelesenen Seiten, den größten Teil vergisst man nach relativ kurzer Zeit wieder.

Der Bau der Cheopspyramide

• Lesen Sie den Text bitte nur einmal durch.
• Danach gehen Sie bitte weiter zu Teil 2 (auf der nächsten Seite).

Für die größte der Pyramiden Ägyptens, die um 2500 v. Chr. errichtete Cheopspyramide in Giseh, wurden etwa zwei Millionen Kubikmeter Stein verbaut. Während ein großer Teil des Kernmaterials in nahe gelegenen Steinbrüchen des felsigen Wüstenplateaus von Giseh gewonnen wurde, kamen die Verkleidungsblöcke aus dichtem Kalkstein von teils weit entfernten Brüchen, und die bis zu 40 Tonnen schweren Granitblöcke, aus denen sich die Grabkammer im Inneren der Cheopspyramide zusammensetzt, mussten von den Steinbrüchen in Assuan bis zur Baustelle einen Weg von 800 Kilometern zurücklegen. Wenn man die vermutliche Regierungszeit des Erbauers der größten Pyramide, des Königs Cheops, mit knapp zwanzig Jahren ansetzen kann und davon ausgehen muss, dass in diesen zwei Jahrzehnten die Pyramidenanlage fertig gestellt wurde, dann müssen etwa 20 000 Arbeiter auf der Großbaustelle im Einsatz gewesen sein – etwa ein Prozent der Gesamtbevölkerung Ägyptens. Zwar sind schon im Alten Reich Gefangene von den Feldzügen nach Nubien mitgebracht worden, um als Zwangsarbeiter eingesetzt zu werden; das Gros der Arbeitskräfte kam aber zweifellos aus Ägypten selbst, aus einer primär in der Landwirtschaft tätigen Bevölkerung, die jedoch mehrere Monate des Jahres während der Überschwemmungszeit weitgehend beschäftigungslos war, sodass sie für staatliche Großprojekte eingesetzt werden konnte.

Die Motivation dieser Arbeitskräfte lag sicherlich auch darin, sich in den Dienst einer staatstragenden Aufgabe zu stellen, der Verherrlichung des Königs. Er setzte sich mit seiner Pyramide zu Lebzeiten ein Denkmal, das ihm nach seinem Tod den Aufstieg aus der Welt der Sterblichen in den Himmel der Götter erlauben sollte. In den Pyramidentexten, die seit etwa 2300 v.Chr. in Hieroglyphen auf die Wände der unterirdischen Räume der Königspyramiden gemeißelt wurden, wird die Himmelfahrt des Königs als ein Aufstieg über eine Treppe oder Rampe beschrieben. Der König, in seinem Amt den Menschen übergeordnet und den Göttern nah, wird im Tod zu einem Gott verklärt, und zumindest indirekt haben all die, die ihm nahe sind, an dieser Verklärung teil. Aus diesem Gedankenkreis erklärt sich das Anlegen der großen Friedhöfe rings um die Pyramiden. Sie sind nicht nur und wohl nicht zuallererst ein Spiegel der irdischen Nähe der dort Bestatteten zum König, sondern ein Ausdruck des Wunsches, am Himmelsaufstieg des Herrschers Anteil zu haben.

(nach: „Der Brockhaus multimedial 2003 premium")

Teil 2: Griechenland

Jahrhundertelang reisten Griechen und Nichtgriechen nach Delphi, um sich von dem geheimnisvollen Orakel im Tempel des Gottes Apollon beraten zu lassen. Der Text auf der nächsten Seite informiert Sie darüber, was der griechische Autor und Tempelpriester Plutarch über das Orakel aufgezeichnet hat.

• *Lesen* Sie bitte den Text über das Orakel von Delphi schnell durch.
• *Lesen Sie danach den Text bitte ein zweites Mal. Markieren Sie dabei mit einem* **Textmarker** *wichtige Begriffe im Text (zur Not geht auch ein farbiger Stift).*
• *Schreiben Sie einige* **Notizen** *und Anmerkungen auf den Seitenrand.*
• *Zeichen Sie zu einem Punkt, der Ihnen wichtig erscheint, eine kleine* **Skizze** *in den Kasten rechts.*
  (Es kommt nicht darauf an, wie „schön" Ihre Zeichnung ist!)
• *Denken Sie sich bitte eine neue, interessante* **Überschrift** *für den Text aus und schreiben Sie sie über den Text.*

Die am Rand aufgeführten Lernmethoden verlangen eine aktive Auseinandersetzung mit dem Text. Schülerinnen und Schüler lernen selten so. Keine Frage: Man braucht mehr Zeit, wenn man so lernt. Aber ebenfalls keine Frage: Man behält mehr von dem Inhalt des Texts, und man behält es auf Dauer.

Delphi: Das heilige Orakel

Das Orakel von Delphi war sicherlich das berühmteste und reichste Heiligtum der ganzen antiken Welt. Plutarch, Schriftsteller und Priester in Delphi im 1./2. Jahrhundert n.Chr., berichtet uns, was dort vor sich ging: Er sagt uns, dass das Orakel zunächst nur einmal jährlich befragt werden konnte, im Frühling, später dann monatlich. Für die Ratsuchenden wurde von der Stadt Delphi zunächst ein Opfer ausgerichtet, dann durften sie ihre Fragen stellen. In den ersten Jahrhunderten war der Andrang sicherlich groß, sodass die Ratsuchenden eine gewisse Reihenfolge akzeptieren mussten, deren Regeln lauteten: Griechen vor »Barbaren« (Nichtgriechen) und Delphier vor allen anderen Griechen. Reiche Städte konnten aber in der Warteschlange immer nach vorne rutschen.

Dann mussten die Ratsuchenden eine Art Kuchen opfern, in späterer Zeit einen kleinen Geldbetrag hinterlassen; außerdem hatten sie ein Opfertier darzubringen: Wenn sich das Opfertier überhaupt nicht bewegte und auch nicht durch Kopfnicken seine Zustimmung ausdrückte, war der Gott (Apollon) eindeutig nicht geneigt, Rat zu erteilen.

Nachdem all dies geschehen war, konnte man endlich zur Befragung übergehen: Im hinteren Teil des Tempels erwarteten den Fragesteller die Helfer des Priesters, die »prophétai«, die als »Sprachrohr« Gottes wirkten. Sie übermittelten seine Frage der Pythia, der Apollonpriesterin. Diese Pythia war normalerweise eine ältere Frau, stammte ursprünglich aus einer der vornehmen Familien Delphis und amtierte lebenslang. Die Pythia musste ihre Herkunftsfamilie verlassen, innerhalb des heiligen Bezirkes wohnen und sich sexueller Beziehungen enthalten.

Vor der Beantwortung von Fragen reinigte die Pythia sich in der Kastalia, einer nahe gelegenen Quelle, setzte einen Lorbeerkranz auf und schlüpfte in ein Mädchenkleid, in Erinnerung an jene frühen Zeiten, in denen die Pythia immer ein junges Mädchen gewesen war. Dann bestieg sie einen Dreifuß im Adyton, der so hoch war, dass ihre Füße den Boden nicht berührten. Anscheinend konnte der Ratsuchende die Pythia sehen, wenn er seine Frage stellte.

Was dann geschah, ist immer noch ein Rätsel. Plutarch bemerkt, dass die Pythia durch aufsteigende Dämpfe aus einer Erdspalte unter dem Dreifuß in Ekstase fiel. Der Kirchenvater Johannes Chrysostomos vermischt diese zwei Elemente und berichtet, dass üble Dämpfe in den Unterleib der Pythia eindrangen, während sie auf dem Dreifuß saß.

(nach: „Der Brockhaus multimedial 2003 premium")

Haben Sie den Text gelesen und alle Testaufgaben erledigt? Haben Sie auch die Randbemerkungen und die Skizze nicht vergessen?

Haben Sie sich eine neue Überschrift ausgedacht und sie oben aufgeschrieben?

- *Bitte schreiben Sie zu jedem der beiden Themen die 10 wichtigsten Punkte auf.*
- *Versuchen Sie (sich selbst oder einer anderen Person) möglichst genau alles zu erzählen, was Sie zu den beiden Themen noch wissen.*

Testauswertung: Im dritten Teil des Tests können Sie überprüfen, wie viel Sie sich gemerkt haben. Um ein realistisches Ergebnis zu erhalten, sollten Sie die Auswertung aber auf jeden Fall *erst morgen oder übermorgen* machen. *Lesen Sie die Texte bis dahin nicht mehr!*

Teil 3: Auswertung
Was wissen Sie noch von den Texten, die Sie gestern gelesen haben? (Nein, nein, nicht mogeln bitte, nicht zurückblättern!)

Der Bau der Cheopspyramide

1.
2.
3.
4.
5.
6.
7.
8.
9.
10.

Delphi: Das heilige Orakel

1.
2.
3.
4.
5.
6.
7.
8.
9.
10.

Zu welchem Thema konnten Sie mehr schreiben? Zu welchem sind Ihnen die Stichpunkte schneller eingefallen? Bei welchem Thema ist es Ihnen leichter gefallen, sich an Einzelheiten zu erinnern? Vielleicht ging es Ihnen so wie den meisten Menschen: Von dem Text, an dem Sie aktiv gearbeitet haben (markieren, Notizen machen, eine Skizze zeichnen), haben Sie sich wahrscheinlich mehr merken können als von dem Text, den Sie nur gelesen haben.

Zurück zu Lars und seinem Geschichtstest: Im ersten Teil unseres kleinen „Tests" haben Sie so gearbeitet, wie Lars für seinen Geschichtstest gelernt hat: Sie haben den Text über die Cheopspyramide gelesen und versucht, sich seinen Inhalt zu merken. Lars hat – wie viele Schülerinnen und Schüler – mit dieser Methode wenig Erfolg gehabt. Etwas zu lesen bringt für sich allein relativ wenig Lernerfolg.

Lesen Sie dazu auch das Kapitel „Ins Gehirn eintrichtern?" (S. 18).

Im zweiten Teil haben Sie aktiver gearbeitet. Dabei mussten Sie darüber nachdenken und überlegen,
• welche Begriffe so wichtig sind, dass Sie sie *markieren* sollen;
• welche *Notizen* Sie an den Rand schreiben wollen;
• wie Sie einen Aspekt des Berichts über das Orakel *zeichnerisch* darstellen können;
• welche *Überschrift* am besten zum Inhalt des Texts passt.

Das heißt: Sie mussten sich immer wieder mit dem Inhalt beschäftigen.

Erst das aktive Erarbeiten des Stoffs (mit diesen oder anderen Methoden) ermöglicht eine dauerhafte und genaue Speicherung des neuen Wissens. Aktives Erarbeiten kann auf vielerlei Wegen geschehen: Notizen machen, eine Zeichnung anfertigen, eine Tabelle anlegen, im Lexikon nachschlagen, eine Karte, ein Diagramm zeichnen ... In diesem Buch finden Sie einige Vorschläge, wie auch Ihre Kinder aktiv lernen können.

... vielerlei Wege: Am besten schauen Sie einmal im Inhaltsverzeichnis nach.

Wenn Lars mit solchen Methoden lernt, hat er beim nächsten Test bessere Chancen auf ein gutes Ergebnis. Nicht nur in Geschichte, auch in anderen Fächern.

Spickzettel

„Unser Bio-Lehrer hat gesagt, wir sollen uns einen gescheiten Spickzettel machen!" Lars kann es immer noch nicht glauben. „Als Vorbereitung für den Test! Find' ich cool."

Einen Spickzettel schreiben? Auf Empfehlung des Lehrers? Verkehrte Welt!
Wenige Dinge waren (und sind) in der Schule traditionell so streng verboten wie Spickzettel. Dabei wissen auch viele Lehrer: Es gibt kaum etwas Sinnvolleres als einen gut gemachten Spicker.

Mehr dazu im Kapitel „Aktiv lernen – ein Test" (S. 54).

Um seinen Spickzettel herzustellen, muss Lars eine Menge tun:
• einige Seiten im Biologiebuch lesen;
• wichtige Aussagen markieren oder anstreichen;
• die Eintragungen in seinem Heft durchlesen;
• aus Buch und Heft das Wichtigste herausschreiben, zusammenfassen und kürzen;
• schließlich die wichtigsten Stichpunkte übersichtlich auf einem Zettel anordnen;
• Zeichnungen hinzufügen.

Das heißt: Lars muss sich immer wieder, in mehreren „Durchgängen", mit dem Biologiethema beschäftigen und es mehrmals bearbeiten.
Am Ende wird er den Stoff so gut kennen und beherrschen, dass er gar nicht mehr auf seinen Spickzettel schauen muss. Wahrscheinlich kann er die Stichpunkte einfach „im Kopf ablesen", wenn er sich den Zettel nur vorstellt. Deswegen muss er den Zettel auch gar nicht in die Schule mitnehmen. Er wird seinen Biotest mit gutem Ergebnis bestehen, auch wenn der Spicker zu Hause auf seinem Schreibtisch liegt.

Die Methode ist nicht neu. Geübte Redner zum Beispiel bereiten sich so auf ihre Reden oder Referate vor. Sie erarbeiten sich Notizzettel mit den wichtigsten Stichpunkten zu ihrem Thema. (Oft benutzen sie kleine Karteikarten dazu.) Aber sie müssen während ihres Vortrags oder ihrer Moderation nur selten und ganz kurz (oft gar nicht) darauf schauen: Sie wissen weitgehend auswendig, was auf ihren Kärtchen steht. (Achten Sie einmal bei Fernsehsendungen darauf.)
Warum sollte Lars eine so brauchbare Methode Fernsehmoderatoren überlassen und nicht für sich selbst nutzen?

Wollen Sie es probieren? Suchen Sie sich ein Kapitel aus diesem Buch aus (z. B. „Na siehst du, du kannst doch …“, S. 27, oder „Ganz vertieft …“, S. 14). Sie können aber auch einen anderen Text nehmen, z. B. aus einer Zeitung oder einer Zeitschrift.
• Lesen Sie den Text schnell durch.
• Lesen Sie den Text ein zweites Mal und markieren Sie sich wichtige Aussagen mit einem Textmarker oder einem Bleistift.
• Fassen Sie die wichtigsten Aussagen in Stichpunkten zusammen und ordnen Sie diese übersichtlich auf dem Spickzettel an.
• Fügen Sie eine Zeichnung dazu.
Wenn Ihr Spickzettel fertig ist, klappen Sie das Buch am besten zu. Testen Sie morgen, ob Sie noch wissen, was auf Ihrem Spickzettel steht: Versuchen Sie, Ihren Spickzettel aus dem Gedächtnis neu zu schreiben, ohne in das Buch zu schauen.

Ein Lernposter

Kennen Sie schon die Kapitel „Ins Gehirn eintrichtern" (S. 18) und „Aktiv lernen – ein Test" (S. 54)?

[Info]

Visualisieren

„Visualisieren" bedeutet: etwas sichtbar, anschaulich machen. Es ist eine alte Weisheit: Ein Bild sagt mehr als tausend Worte. Oder: Was wir bildlich gesehen haben, behalten wir in der Regel besser als etwas, was wir nur gehört oder gelesen haben. Ein Lernposter an der Wand prägt sich besser ein als Merksätze im Schulheft.

Ein zweiter, mindestens ebenso wichtiger Effekt kommt hinzu, wenn Schüler ein Thema visualisieren: Sie müssen ihr Thema aktiv bearbeiten, sich aktiv mit dem Stoff auseinander setzen. Wenn Lisa z. B. zu den Pronomen ein Lernposter herstellt, muss sie sich Gedanken über die Anordnung der Begriffe machen, über farbliche Hervorhebungen, über Beispiele. Dabei setzt sie sich immer wieder mit dem Thema selbst auseinander.

Das Gleiche gilt für andere Formen von Visualisierungen. Auf den folgenden Seiten finden Sie weitere Beispiele.

Lisa hat im Deutschunterricht die Pronomen behandelt. Sie hat sich ein kleines Lernposter gemacht.

Wie die meisten Kinder und Jugendlichen stellt sie sehr gern Poster her. Das Zeichnen und Malen, Schneiden und Kleben, der Umgang mit Farben, verschiedenen farbigen Papieren, dicken Stiften macht ihr Spaß. „Ganz nebenbei" muss sie sich auch mit dem Thema beschäftigen.

Lisa hat ihr Poster aus verschiedenen ovalen Elementen zusammengebaut. (Es könnten natürlich auch kreisförmige oder rechteckige Papiere sein.)

In jedem Oval hat sie eine Art von Pronomen dargestellt: Oben steht die Bezeichnung für das Pronomen (z. B. „Personalpronomen"). Darunter steht die Funktion (Aufgabe) dieser Pronomen („Stellvertreter für Personen oder Dinge"). Dann folgen einige Beispiele („Ich, du ..."). Ganz unten hat sie jeweils Anwendungsbeispiele (Beispielsätze) notiert („Wir zeichnen. Was machst du?"). Um wichtige Wörter hervorzuheben, hat sie einen roten Stift benutzt oder Wörter unterstrichen.

Danach hat sie ihre Ovale auf dem Poster angeordnet und aufgeklebt. In die Mitte hat sie das Element mit dem Thema geklebt: „Pronomen". Zum Schluss hat sie die Ovale mit Linien verbunden.

**Personal-
pronomen**
Stellvertreter
für Personen oder Dinge
ich, du …
<u>Wir</u> zeichnen.
Was machst <u>du</u>?

**Possessiv-
pronomen**
sagen, zu wem etwas gehört

mein, dein …
<u>unser</u> Hund, <u>ihr</u> Fahrrad

Pronomen

**Demonstrativ-
pronomen**
weisen auf etwas hin

dieses, jenes
<u>dieses</u> Fenster, <u>jene</u> Tür

**Relativ-
pronomen**
leiten einen Relativsatz ein

der, die, das; dessen …
Der Junge, <u>der</u> neben mir sitzt,
ist richtig cool.

Säulen- und Balkendiagramme

mittlere Temperaturen der Erde

15°

14°

1860

Hier hat Lars die Angaben über die Temperaturen auf der Erde aus der Tabelle auf Seite 66 als **Säulendiagramm** dargestellt.
Er hat das Diagramm noch nicht beschriftet: Die Jahreszahlen und die Angaben über Temperaturen fehlen noch. Können Sie sie ergänzen?

Zu der Tabelle über die Einwohnerzahlen der Nachbarländer Deutschlands hat Lars ein **Balkendiagramm** gezeichnet.
Da er die Namen der Länder nicht gut in die Balken eintragen konnte, hat er eine Legende hinzugefügt, die zeigt, welches Land durch welche Farbe wiedergegeben wird.

Deutschlands Nachbarländer Einwohnerzahlen (in Millionen)

Land	Einwohner
Luxemburg	0,3
Dänemark	5
Schweiz	6,5
Österreich	7,5
Belgien	10
Tschechien	10
Niederlande	15
Polen	38
Frankreich	56

Einwohnerzahlen in Millionen

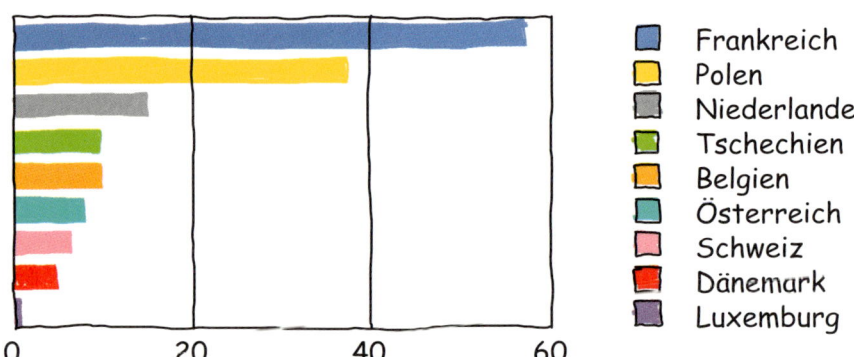

- Frankreich
- Polen
- Niederlande
- Tschechien
- Belgien
- Österreich
- Schweiz
- Dänemark
- Luxemburg

Kreisdiagramme

Zu dem Lexikontext über die Zusammensetzung der Luft hat Lars ein **Kreisdiagramm** gezeichnet:

Luft,
das die Erdatmosphäre bildende Gasgemisch aus rund 78 Volu-
men-% Stickstoff, 21 Volumen-% Sauerstoff, 0,9 Volumen-% Argon
und Spuren von weiteren Edelgasen, 0,03 Volumen-% Kohlendioxid,
wechselnden Mengen von Wasserdampf, Staub, Stickstoff- und
Schwefelverbindungen, Abgasen und Schwebstoffen, ferner pflanz-
lichen und tierischen Mikroorganismen.

(nach: „Brockhaus multimedial 2003 premium")

Zusammensetzung der Luft

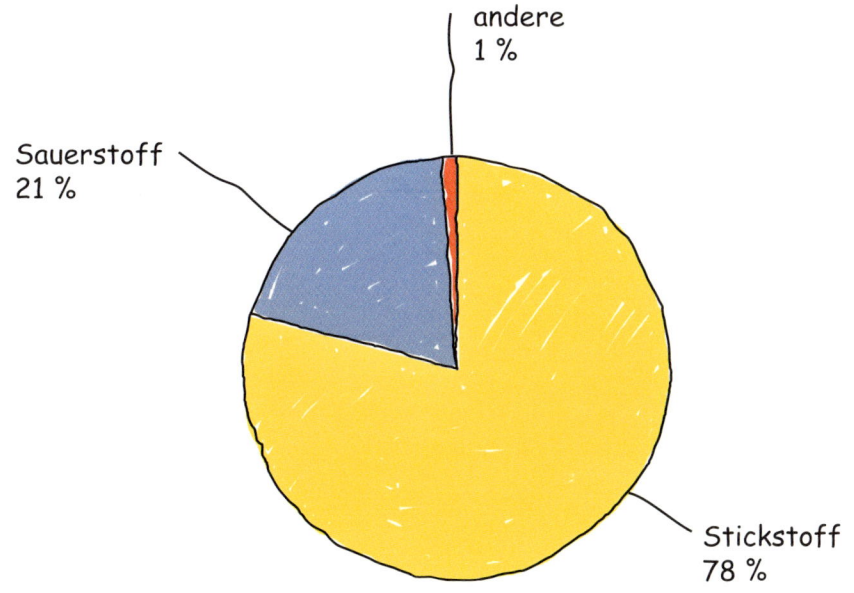

[Info] Solche Diagramme lassen sich relativ leicht mit dem Computer herstellen. Man gibt eine Tabelle ein – mit wenigen Befehlen lässt sie sich in ein Diagramm umwandeln.
Es ist aber sinnvoller, wenn Schüler/-innen in diesem Fall nicht mit dem Computer arbeiten, sondern die Grafik mit der Hand zeichnen:
So müssen sie die Informationen, die sie aus der Tabelle entnehmen können, intensiver durcharbeiten.

Kennen Sie schon das Kapitel „Hausaufgaben am PC?" (S. 47)?

Liniendiagramme

Verläufe zeigen

Eine Tabelle, wie Lars sie hier vorliegen hat, gibt zwar genaue Informationen über die mittleren Temperaturen der Erde zu unterschiedlichen Zeitpunkten (in verschiedenen Jahren). Sie ist aber nicht anschaulich. Man kann die Entwicklung der Temperaturen im Lauf der Jahrzehnte nicht „sehen". Kurven- oder Liniendiagramme machen Verläufe anschaulich. Lars kann mit einem Blick sehen, wie sich die mittleren Temperaturen im Lauf von 135 Jahren verändert haben.

Lesen Sie dazu auch das Kapitel „Ins Gehirn eintrichtern?" (S. 18).

Lars ist noch nicht ganz fertig mit seiner Arbeit. Können Sie das Diagramm fertig stellen?

Erdkunde: Lars hat eine Tabelle über die Entwicklung der Temperaturen auf der Erde bekommen. Er soll die Zahlen umsetzen in ein Liniendiagramm.

mittlere Temperaturen auf der Erde

Jahr	Grad °C	Jahr	Grad °C	Jahr	Grad °C
1860	14,58	1910	14,54	1960	15,02
1870	14,71	1920	14,72	1970	14,93
1880	14,80	1930	14,82	1980	15,10
1890	14,68	1940	15,04	1990	15,27
1900	14,76	1950	14,92	1995	15,31

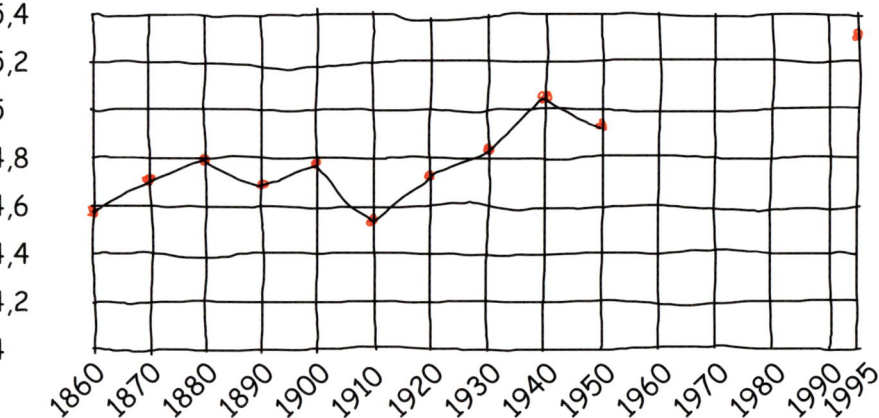

Eine Strukturskizze

Im Geschichtsunterricht wird Ägypten behandelt. Zur Vorbereitung der nächsten Stunde muss Lars sich mit einem Text aus dem Geschichtsbuch befassen.

Vorratswirtschaft und Arbeitsteilung in Ägypten

Jedes Jahr zwischen August und November ==überschwemmte== der Nil die Felder im Niltal. Sein Schlamm wirkte wie Dünger auf den Feldern der ägyptischen Bauern. Deswegen waren die Äcker sehr fruchtbar und die Bauern hatten – im Vergleich zu anderen Ländern – ==außerordentlich gute Ernten.==

Allerdings waren die Überschwemmungen nicht in allen Jahren gleich stark. In manchen Jahren wurden ganze Dörfer überflutet und damit Wohnungen und Ställe der Bauern zerstört. In anderen Jahren war die Überflutung sehr gering: In diesen Jahren trug der Nil nur wenig Schlamm auf die Äcker, sodass die Ernte schlecht ausfiel.

Um in guten wie in schlechten Jahren genügend Lebensmittel zu haben, entwickelten die Ägypter eine systematische ==Vorratswirtschaft:== Sie bauten große ==Getreidespeicher,== in denen die Vorräte für längere Zeit gelagert werden konnten.

Staatliche Vorschriften regelten, welchen Anteil der Ernte die Bauern für die Vorratshaltung abliefern mussten. Die Speicher wurden ==bewacht.== Für die Ablieferung und Verteilung der Vorräte wurde ein ==Transportsystem== entwickelt. Damit dies alles reibungslos funktionierte, wurden ==staatliche Beamte== eingesetzt. Sie organisierten die gesamte Vorratswirtschaft und überwachten die Einhaltung der Vorschriften.

In den Getreidespeichern wurden ==mehr Lebensmittel== angesammelt, als die Bauern zum Leben brauchten; damit konnten auch Menschen ernährt werden, die nicht selbst auf dem Feld arbeiteten. Deshalb musste ==nicht mehr jeder Mensch als Bauer== arbeiten. Manche Menschen konnten jetzt anderen Tätigkeiten nachgehen, z.B. im ==Handwerk,== im ==Handel== oder in der ==Kunst und der Wissenschaft.== So entstanden ==neue Berufe;== in der Gesellschaft entwickelte sich eine ==Arbeitsteilung.==

Ägypten vor 5 000 Jahren: Was haben die Überschwemmungen des Nil mit der Entstehung neuer Berufe und einer staatlichen Verwaltung zu tun? Lars hat aus dem Text im Geschichtsbuch eine Strukturskizze entwickelt. Dazu musste er den Text sehr genau durcharbeiten.
Die Begriffe, die er für seine Zeichnung verwenden will, hat er farbig markiert. Dann hat er einen Entwurf gezeichnet, hat ihn mehrmals verbessert und schließlich sein Diagramm fertig gestellt.
Jetzt hat er eine visualisierte Darstellung, die er sich leichter einprägen kann als den Text.

Auch hier wird deutlich:
• Das Produkt, Lars' Strukturskizze, kann er sich leichter bildlich vorstellen und aus seinem Gedächtnis abrufen als den Text im Schulbuch.
• Um die Zeichnung herstellen zu können, musste er sich aber zuerst intensiv mit dem Inhalt des Textes befassen.

Vergleichen Sie dazu auch das Kapitel „Aktiv lernen – ein Test" (S. 54).

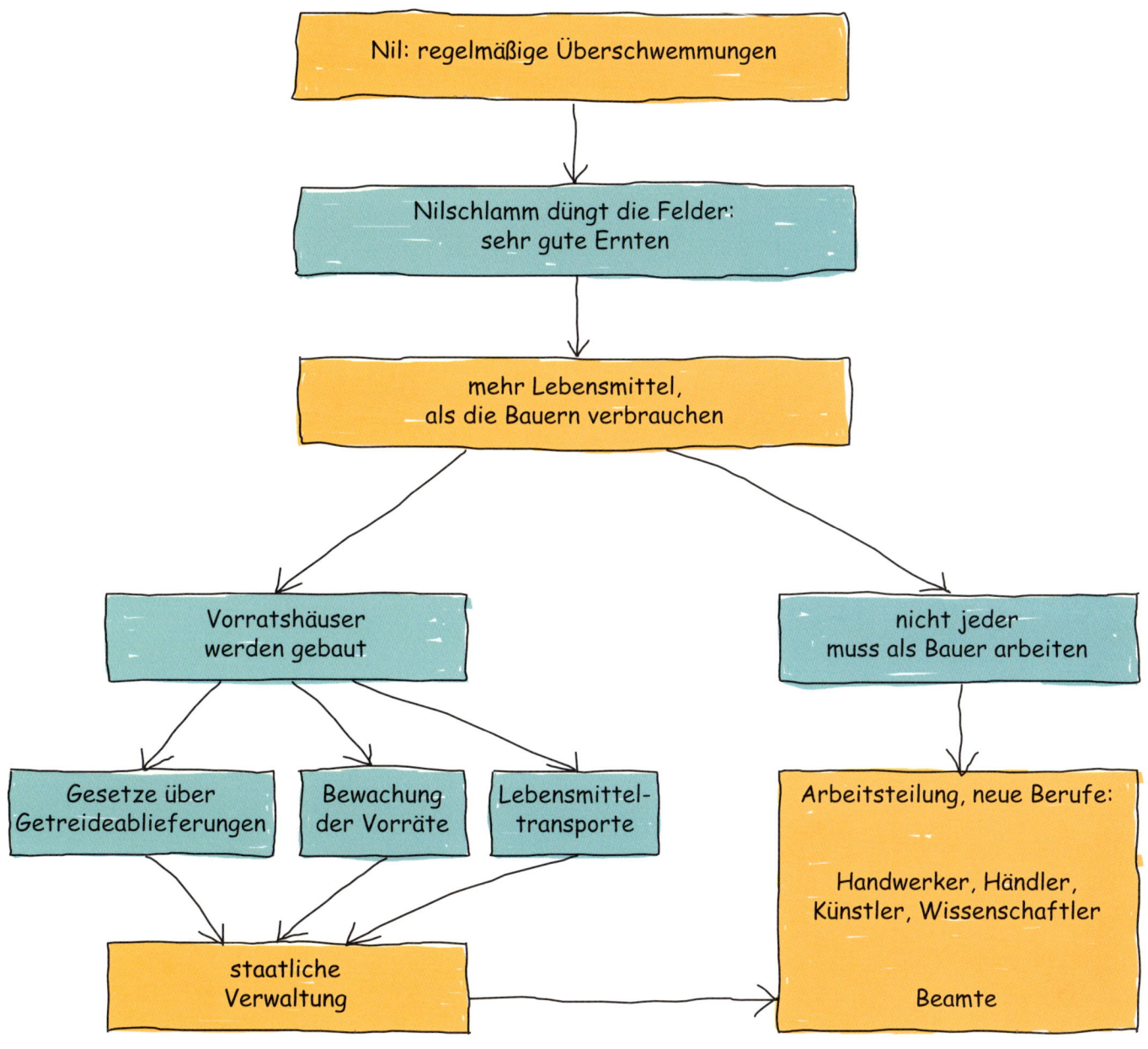

Vokabeln lernen

Ein Dauerbrennerthema: über Jahre hinweg immer wieder
die gleiche Aufgabe – Vokabeln lernen. Und über Jahre hinweg für
viele Schülerinnen und Schüler mit Ärger und Misserfolgserleb-
nissen verbunden.
Lars probiert es immer wieder mit der gleichen Methode: Er
schlägt das Vokabelverzeichnis seines Englischbuchs auf, liest die
englischen Vokabeln, hält danach eine Seite der Vokabelliste zu
und überprüft, ob er „die Vokabeln kann".

Leider hat er mit dieser Methode wenig Erfolg: Am Nachmittag,
beim Lernen, weiß er viele oder alle Vokabeln, aber am nächsten
oder übernächsten Tag in der Schule sind viele davon wieder „weg".
Etwas besser kann er sich die Wörter merken, wenn er sie
abschreibt. Aber trotzdem vergisst er viele Vokabeln wieder.

In der Tat ist „lesen – einprägen – zuhalten – abfragen" keine
besonders effiziente Methode. Auch das altbewährte Vokabelheft
bringt oft keinen großen Erfolg beim Lernen. Vielleicht sollte
Lars andere Methoden ausprobieren, mit denen er erfolgreicher
lernen könnte.

Vokabeln lernen mit Karteikarten

Ein „Klassiker" ist das Vokabelnlernen mit Karteikarten. Lars benutzt Karteikarten im Format DIN A7 (also halb so groß wie eine Postkarte). Auf die Vorderseite schreibt er das englische Wort, auf die Rückseite die deutsche Bedeutung.

Wenn er alle Karteikarten geschrieben hat, liest er beide Seiten laut und versucht sie sich einzuprägen. Dann mischt er die Karten, um die Reihenfolge zu ändern, und kontrolliert, welche Wörter er schon kann und welche noch nicht. Die Karten mit den Wörtern, die er kann, legt er weg, mit den anderen macht er das Ganze von vorn: laut lesen (beide Seiten!), Reihenfolge verändern (Karten mischen), überprüfen.

Karteikarten sind auch gut geeignet für **Lernspiele** beim gemeinsamen Lernen in kleinen Gruppen. Ein Beispiel:
Die Karteikarten mit Vokabeln liegen auf einem Stapel. Der erste Spieler nimmt die oberste Karte und liest das deutsche Wort vor; der nächste muss das englische (französische, lateinische ...) Wort sagen. Weiß er es, bekommt er die Karte, weiß er es nicht, wird der nächste Spieler gefragt usw.
Andere Spiele kann jede Gruppe leicht selbst erfinden: mit Punkten oder Pfändern; auf Zeit; Sätze bilden mit den Vokabeln; als Schreibspiel ...

Haben Sie eine Idee?
Erfinden Sie Spielregeln für ein neues Vokabelkartenspiel:

Vokabeln lernen mit einer Lernkartei
Noch effizienter wird das Lernen mit Karteikarten, wenn Lars eine Lernkartei verwendet. Dazu braucht er einen schmalen Kasten mit 5 Fächern; das erste Fach ist sehr klein, das zweite etwas größer, das nächste noch größer usw.
Wenn Lars Vokabeln lernt, stellt er Karten mit Wörtern, die er sich gemerkt hat, in das erste Fach des Kastens. Karten mit Wörtern, die er noch nicht kann, lässt er vorerst draußen, bis er sich auch diese Vokabeln eingeprägt hat; dann kommen auch diese Karten in das erste Fach des Kastens.

Nach zwei Tagen wiederholt er die Vokabeln aus dem ersten Fach; Wörter, die er kann, wandern in das zweite Fach, die andern kommen wieder in das erste. Sie werden am nächsten Tag wiederholt. „Gekonnte" Karten kommen in das zweite Fach, die anderen bleiben im ersten.
Ein paar Tage später macht sich Lars an das zweite Fach: Wörter, die er kann, wandern weiter ins dritte; die, die er nicht mehr weiß, kommen zurück in das **erste** Fach.
Und so geht es weiter: In immer größeren Abständen wiederholt Lars die Wörter aus dem 3., 4. und 5. Fach. Was er weiß, rückt ein Fach weiter, was er nicht weiß, kommt zurück in das **erste** Fach.
Wenn Lars ein Wort aus dem 5. Fach weiß, nimmt er die Karte aus dem Kasten.
Lars hat also jede Vokabel, bevor sie aus dem Kasten genommen wird, fünfmal „gekonnt".

Das Lernen mit der Lernkartei erfordert einiges an Ausdauer und Durchhaltevermögen. Die Methode ist aber in ihrer Effizienz kaum zu übertreffen: Bevor Lars eine Karte mit einem Wort aus dem Kasten herausnimmt, hat er diese Vokabel fünfmal richtig „gekonnt"; mit sehr hoher Wahrscheinlichkeit wird er 90 Prozent dieser Wörter (oder mehr!) auf Dauer behalten.
Einen Karteikasten für eine Lernkartei kann man (aus stabiler Pappe) leicht selbst herstellen.

Ein Vokabelnetzwerk

Manchmal lernt Lars Vokabeln, indem er ein Vokabelnetzwerk entwickelt. Zuerst schreibt er sich eine Liste der Vokabeln, die er lernen will. Danach ordnet er diese auf einem Blatt so an, dass er Verbindungen und Beziehungen zwischen den einzelnen Begriffen in einer Zeichnung darstellen kann.

clothes
boot – Stiefel
coat – Mantel
dry-cleaner's – Reinigung
fashion – Mode
get dressed – anziehen
cap – Mütze
iron – bügeln, Bügeleisen
jacket – Jacke
old fashioned – altmodisch
pyjama – Schlafanzug
shirt – Hemd
shoe – Schuh
suit – Anzug
trainer – Turnschuh
trousers – Hose
undress – ausziehen
wardrobe – Kleiderschrank
washing machine – Waschmaschine

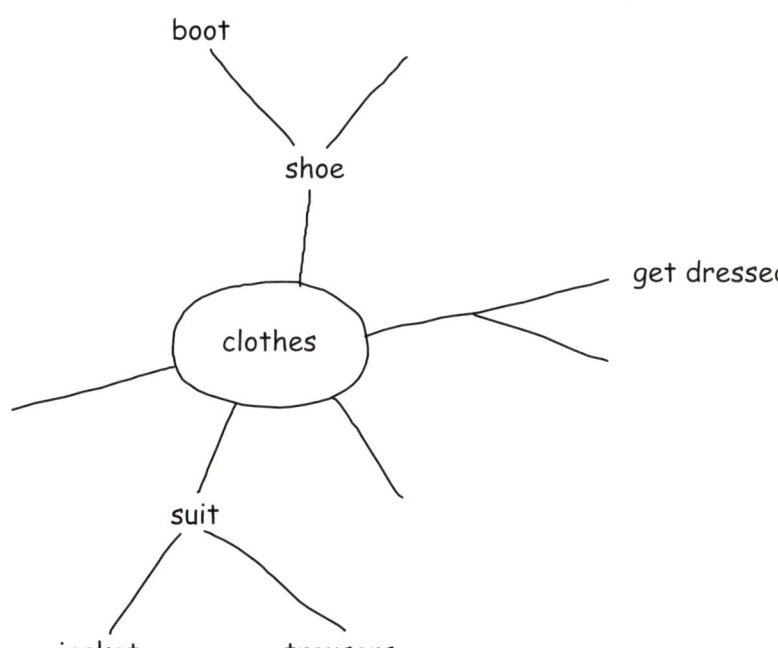

Lesetraining: Aktiv lesen

5

Lesen: Basistraining

Lisa kann eigentlich ganz gut lesen. Aber manchmal weiß sie nach dem Lesen eines Textes nur noch wenig von dem, was sie gelesen hat, bisweilen sogar sehr wenig. Lisa selbst ist das auch schon aufgefallen. Aber sie weiß nicht, wie sie es ändern soll.

Ihre Lehrerin hat beim letzten Elternabend darauf hingewiesen, dass das leider bei vielen Kindern so sei: Sie könnten recht ordentlich lesen, aber sie behielten nur einen kleinen Teil des Inhalts einer Geschichte oder eines Sachtextes. Auch unmittelbar nach dem Lesen könnten sie oft keine Einzelheiten wiedergeben. Manche Kinder verstünden auch den gesamten Text nicht so richtig.

Sinnerfassendes, verstehendes Lesen kann man trainieren. Es gibt eine ganze Reihe geeigneter Trainingsmethoden.

Sie können es mit Ihren Kindern üben. Dabei sollten sie aber darauf achten, dass Ihre Kinder die Methoden nach einiger Zeit auch alleine anwenden können. Schließlich sollen sie lernen, einen Text auch ohne Hilfe zu lesen und zu verstehen.

Basistraining

Es gibt einige ganz einfache, aber oft sehr wirksame Methoden, wie Kinder lernen können, beim Lesen besser auf den Inhalt des Textes zu achten.

- **Laut lesen:** Kinder müssen, wenn sie laut lesen, auf die Betonung, auf Pausen im Satz und auf Anfang und Ende eines Satzes achten. Dadurch erschließen sie sich auch den Inhalt eines Satzes.

Es gibt viele Gelegenheiten: Kinder können z. B. jemandem etwas vorlesen oder mit einem Kassettenrekorder oder einem kleinen Diktiergerät einen Text auf eine Kassette sprechen (und danach selbst hören, wie sie gelesen haben).

• **Gemeinsam lesen:** Wenn sie in einer Lerngruppe mit anderen Kindern lernen, können Kinder gemeinsam reihum laut lesen und sich dabei gegenseitig korrigieren.

Lerngruppen? Lesen Sie nach im Kapitel „Lernen im Team" (S. 35).

• **Über das Gelesene sprechen:** Kinder können jemandem erzählen, was sie gelesen haben, ihre Meinung dazu sagen, darüber lachen, Fragen stellen oder beantworten.

Lesen Ihre Kinder in ihrer Freizeit?

....

Schenken Sie Ihren Kindern manchmal ein Buch (zum Geburtstag, zu Weihnachten ...)?

....

Sprechen Sie mit Ihren Kindern über das, was sie lesen?

....

Was sind die Lieblingsbücher Ihrer Kinder?

....

....

[Info] Wenn Ihr Kind eine ernsthafte Lese- oder Lese-Rechtschreib-Schwäche hat, sollten Sie fachlichen Rat in Anspruch nehmen. Sprechen Sie mit seiner Lehrerin/seinem Lehrer! Fast alle Schulen bieten entsprechende Förderkurse an. Auch bei Volkshochschulen und anderen Einrichtungen finden Sie solche Kursangebote.

Sachtexte lesen und verstehen

Kennen Sie schon das Kapitel über Lexika und Wörterbücher (S. 43)?

Beim Lesen von Sachtexten (aus Schulbüchern, Sachbüchern, Zeitungen, Zeitschriften) ist es ratsam, in mehreren Schritten vorzugehen.

• Worum geht es eigentlich?

1. Den gesamten Text überfliegen
Im ersten Schritt geht es nur darum, dass Lisa sich einen ersten, groben Überblick verschafft.

• Was weiß ich schon?
• Was interessiert mich? Was will ich wissen?
• Kenne ich alle Wörter?

2. Fragen zum Text stellen
Im nächsten Schritt geht es um eine genauere Vorklärung: um Lisas Vorwissen, um ihr Interesse an dem Text, um unbekannte Wörter.

• Was steht in diesem Absatz?
• Was ist das Wichtigste?
• Welche Schlüsselwörter markiere ich?

3. Absatzweise lesen und zusammenfassen
Jetzt liest Lisa den Text Absatz für Absatz sehr genau. Sie schlägt unbekannte Begriffe im Lexikon nach, markiert wichtige Begriffe („Schlüsselwörter") mit einem farbigen Textmarker und fasst den Absatz in eigenen Worten zusammen.

• Zu welchem Absatz gehört das Bild (die Tabelle usw.)?
• Was erfahre ich Neues?

4. Zusätzliche Informationsquellen nutzen
Lisa schaut sich Bilder (Diagramme, Landkarten, Tabellen) an, die zu dem Text gehören.

• Wiederholen und zusammenfassen!
• Unklarheiten beseitigen!
• Spickzettel anlegen!

5. Den gesamten Text wiederholen
Am Ende gibt Lisa den Inhalt des ganzen Textes mit eigenen Worten wieder. Dabei benutzt sie die markierten Begriffe als Hilfen. Sie überlegt, ob ihr noch etwas unklar ist. Je nach Aufgabenstellung trägt sie etwas in ihr Heft ein oder fertigt einen „Spickzettel" an.

Einen Spickzettel schreiben? Mehr dazu im Kapitel „Spickzettel" (S. 60).

Können Ihre Kinder Sachtexte nach dem Lesen leicht wiedergeben? Verstehen sie die im Text dargestellten Zusammenhänge gut? Können sie Einzelheiten wiedergeben?

....

Wenn Sie mit Ihrem Kind das Lesen von Sachtexten trainieren wollen – welche Texte (aus welchen Büchern) könnten Sie verwenden? Bitte schreiben Sie einige Beispiele auf.

....

....

Könnte Ihr Kind mit anderen Kindern gemeinsam üben? Mit wem?

....

Bei welchen Gelegenheiten könnte Ihr Kind laut lesen (z. B. jemandem vorlesen)?

....

....

Gemeinsam lernen? Mehr dazu im Kapitel „Lernen im Team" (S. 35).

• Sie können mit dieser Methode das Lesen von Sachtexten mit Ihrem Kind trainieren. Dazu können Sie Texte aus Schulbüchern, aus Sachbüchern für Kinder oder auch geeignete Artikel aus Zeitungen und Zeitschriften verwenden.

• Ihr Kind soll lernen, diese Lesemethode selbstständig und alleine anzuwenden. Es ist daher wichtig, dass ihm die fünf Schritte beim Lesen von Sachtexten bewusst werden. Ihr Kind sollte nach einiger Zeit die Abfolge der Schritte kennen, sicher beherrschen und vor allem von sich aus anwenden.
Stellen Sie also nicht immer die Fragen selbst („Was steht in diesem Absatz?" „Was ist das Wichtigste?" „Welche Schlüsselwörter markierst du?" usw.). Regen Sie Ihr Kind an, diese Fragen selbst zu stellen, z. B. so: „Du hast den Absatz gelesen. Welche Fragen musst du jetzt stellen? Was musst du im nächsten Schritt tun?"

Geschichten und Romane

Spaß am Lesen?

Im Rahmen der PISA-Studie (vgl. S. 74) wurde auch nach dem Interesse am freiwilligen Lesen gefragt. In Finnland gaben ca. 23 % der Teilnehmer/-innen an, dass sie *überhaupt nicht* zum Vergnügen lesen, in Deutschland dagegen ca. 42 %. In keinem Land gaben mehr Schüler an, dass sie niemals freiwillig lesen.

Deutsche Jugendliche, die angaben, dass sie gern und freiwillig lesen, schnitten bei dem Lesetest im Allgemeinen besser ab als Jugendliche, die nicht zu ihrem Vergnügen lesen.

Kinder lesen Geschichten, weil sie spannend oder lustig sind, weil sie von fremden Welten und anderen Zeiten erzählen, weil sie von tollen Helden handeln oder von finsteren Ungeheuern. Bei Erzählungen, Romanen, Geschichten steht für Kinder der Spaß und das Interesse an der „Story" und an den Hauptpersonen im Mittelpunkt.

Wenn Sie mit Ihrem Kind trainieren wollen, sollten Sie hier ansetzen: Denken Sie sich Aufgaben und Übungsmöglichkeiten aus, bei denen es um die Helden der Bücher, die Schauplätze, die Handlung geht.

Geschichtenquiz:

Lisa hat – mithilfe ihrer Mutter – ein Geschichtenquiz gebastelt. Zuerst hat sie Fragen zu Geschichten gesammelt, die sie gelesen hat:

- Wie viele Geschwister hat Harry Potters Freund Ron Weasley?
- Mit was mussten die Jungen den Eid unterschreiben, wenn sie Mitglied in Tom Sawyers Bande werden wollten?
- Warum sind (bei „Emil und die Detektive") die kleinen Löcher in den drei Geldscheinen so wichtig?
- Wie heißt der Vater von Pippi Langstrumpf?
- Warum sagt der clevere Odysseus dem Zyklopen, er heiße „Niemand"?

Lisa hat ihre Fragen auf Kärtchen geschrieben und lässt jetzt Mitschüler, Lehrer, Freunde, und Verwandte raten …

Bevor sie ihre Quizkärtchen schreiben konnte, musste sie allerdings die Geschichten genau lesen.

Noch ein paar andere Vorschläge:
- **Eine Geschichte verändern:**
  Erfinden Sie mit Ihrem Kind ein neues Ende einer Geschichte.
- Eine Geschichte **aus einer anderen Perspektive** erzählen:
  Wie würde der Wolf die Geschichte von Rotkäppchen erzählen?
  Die Hexe erzählt von Hänsel und Gretel …

- **Zusätzliche Informationen** zu einer Geschichte suchen:
  mit dem Atlas herausfinden, wo die rote Zora lebt oder an welchem Fluss Tom Sawyer und Huckleberry Finn wohnen.
- Etwas **zu den Geschichten schreiben:**
  einen Brief an Harry Potter über sein letztes Abenteuer;
  eine Seite aus Emil Tischbeins Tagebuch (Emil und die Detektive).
- **Zeichnen und malen:**
  ein Kapitel aus „Ein Schatten wie ein Leopard" als Comic zeichnen; ein Ben-liebt-Anna-Poster malen.

Alle diese Übungen erfordern, dass Kinder genau lesen und möglichst viel Inhalt aus den Texten entnehmen. Sie müssen auf Zusammenhänge achten (Wer tut wann was warum?) und sich viele Einzelheiten einprägen.

Wollen Sie einen dieser Vorschläge aufgreifen?
Schreiben Sie bitte auf, ...

... welchen?

....

... zu welcher Geschichte/welchem Kinderbuch?

....

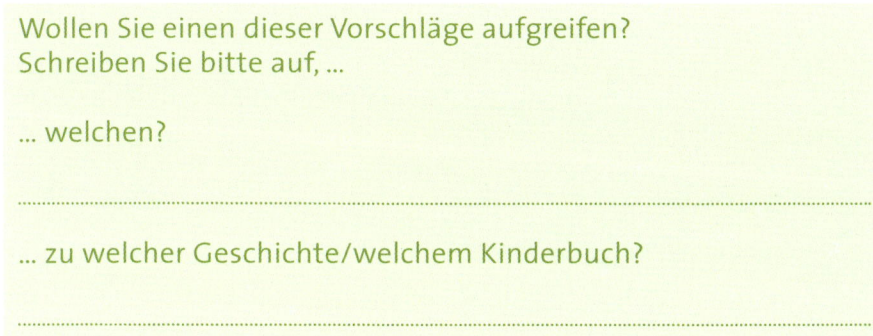

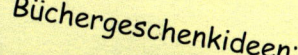
Büchergeschenkideen:

Harte Nüsse knacken

[Info]

Lesen ...
besteht aus den folgenden, ineinander greifenden Einzel-prozessen: das Erkennen von Buchstaben, die Verarbeitung der Wortbedeutung, das Verstehen von Wortketten und Sätzen sowie die satzübergreifende Verarbeitung der im Text enthaltenen Informationen mit dem Ziel, Wissen aus dem Text im Gedächtnis zu speichern.

(aus: „Der Brockhaus Psychologie")

Lars will sich im Lexikon darüber informieren, was „Lesen" eigent-lich bedeutet. Gar nicht so einfach, bemerkt er.

Vielleicht verstehen Sie diesen Lexikontext über das Lesen auf Anhieb. Schülerinnen und Schüler werden ihre Schwierigkeiten damit haben.
Manche Texte sind sehr komprimiert und mit Inhalt „voll gestopft". Lexikontexte z. B. sollen wenig Platz beanspruchen und sind daher im Allgemeinen sehr kurz gefasst. Sie sind deswegen – gerade für Kinder und Jugendliche – oft nicht leicht zu verstehen.
Hier kann es nützlich sein, eine schwierige Stelle abzuschreiben und den Text übersichtlicher anzuordnen. Lars versucht es:

Lesen besteht aus den ... Einzelprozessen:

Kennen Sie das Kapitel „Hilfe zur Selbsthilfe – Lexika und Wörterbücher" (S. 43)?

1. das Erkennen der Buchstaben	klar
2. die Verarbeitung der Wortbedeutung	Wörter verstehen
3. das Verstehen von Wortketten und Sätzen	Sätze kapieren
4. die satzübergreifende Verarbeitung der im Text enthaltenen Informationen	Zusammenhang, über einen Satz hinaus
Ziel: Wissen ... im Gedächtnis speichern	lernen, behalten

Die vier „Bestandteile" des Lesens stehen jetzt untereinander wie eine Liste. Farbige Markierungen heben die wichtigsten Begriffe hervor. Der Text ist jetzt besser überschaubar: Die vier Punkte, die im Text aufgezählt werden, sind als Einzelpunkte zu sehen.

Mit den Randbemerkungen hat Lars in einem ersten Schritt mit seinen eigenen Worten aufgeschrieben, was der Text aussagt.

Im nächsten Schritt könnte Lars den ganzen Satz noch einmal mit seinen eigenen Worten formulieren. Dann dürfte er die Lexikon- nuss endgültig geknackt haben.

Natürlich kann man diese Methode nicht oft anwenden; das Lesen würde sonst gar zu zeitaufwendig werden. In schwieri- gen Fällen ist sie aber sehr hilfreich.

Also: Lesen heißt: Buchstaben erkennen – das ist
ja klar – und Wörter und Sätze kapieren –
das ist auch logisch – und dann noch, wie war das,
also über einen Satz hinaus …

Die beste Schule für unser Kind

6

Blaue Briefe und Gespräche

„… und bitten Sie daher, zu einem Gespräch in die Schule zu kommen …"
Solche Briefe verheißen meistens nichts Gutes. Warten Sie lieber nicht, bis der „blaue Brief" kommt! Suchen Sie frühzeitig Kontakt zu den Lehrerinnen und Lehrern Ihrer Kinder.

Sich gegenseitig informieren über das Verhalten der Kinder, ihre Probleme und ihre Fähigkeiten, eventuelle Missverständnisse ausräumen, wechselseitiges Verständnis schaffen für die Situation in der Familie bzw. in der Schule, das macht nicht nur Ihnen und den Lehrerinnen und Lehrern Ihrer Kinder das Leben leichter. Es signalisiert auch Ihren Kindern: Wir kümmern uns gemeinsam darum, dass ihr in der Schule vorankommt, wir arbeiten nicht gegeneinander, sondern Hand in Hand. Und das fördert in vielen Fällen ganz schnell die Lernmotivation von Kindern und trägt zur positiven Veränderung ihres Lernverhaltens bei.

[Info]

Ruf doch mal an ...
Lehrer/-innen haben im Allgemeinen nichts dagegen, wenn Sie sie zu Hause anrufen. Bedenken Sie aber: Gespräche mit Eltern gehören zur beruflichen Tätigkeit von Lehrern, und auch die engagiertesten Pädagogen wollen irgendwann ihren Feierabend und ihr ruhiges Wochenende haben. Rufen Sie also lieber nicht am späten Abend oder am Sonntag zur Frühstückszeit an!

Sie sollten jede Gelegenheit wahrnehmen, mit den Lehrerinnen und Lehrern Ihrer Kinder zu sprechen. Die regelmäßige Teilnahme an Elternabenden und Elternsprechtagen sollte für Eltern selbstverständlich sein. Sie erhalten dort die Informationen über die wichtigsten Lerninhalte des Schuljahrs, über die Situation der Klasse und über den Leistungsstand Ihrer Kinder.

Interessant und nützlich können auch Gespräche in einer informelleren, lockeren Atmosphäre sein: beim Schulfest, am Rand einer Feier ... Hier besteht fast immer die Gelegenheit, weniger förmlich und „offiziell" ins Gespräch zu kommen.
Für ausführliche Einzelgespräche sollten Sie auf jeden Fall einen Termin vereinbaren. Lehrerinnen und Lehrer haben, auch wenn gerade eine „Freistunde" auf ihrem Stundenplan steht, häufig nicht „frei", sondern müssen Vertretungsstunden geben oder haben Besprechungen mit Kollegen/Kolleginnen oder Gespräche mit anderen Eltern. Wenn Sie unangemeldet in die Schule kommen, riskieren Sie, dass Sie ohne Gespräch wieder nach Hause gehen müssen. Auch wenn Sie ein paar Tage auf einen Gesprächstermin warten müssen – es lohnt sich!

nächster Termin
in der Schule:

Gespräch
vereinbaren mit:

Eine neue Schule für Lisa

Lisa hat die Grundschule fast beendet. Im nächsten Jahr wird sie eine andere Schule besuchen. Aber welche? Das renommierte Gymnasium, das seit Jahrzehnten den besten Ruf in der Stadt hat? Die Schule, die auf dem kürzesten Weg zu erreichen ist? Eine Schule, die für ihre hohen Leistungsansprüche bekannt ist? Die Gesamtschule, auf der man verschiedene Schulabschlüsse erreichen kann? Die Schule mit den vielen internationalen Kontakten? Oder die mit dem künstlerisch-musischen Schwerpunkt? Eine schwierige Entscheidung: Hat das renommierte Gymnasium seinen traditionellen guten Ruf zu Recht? Oder ist die Nachbarschule mit dem schlechteren Ruf vielleicht gar nicht so schlecht? Was haben Schulen, die infrage kommen, anzubieten? Wo liegen die Unterschiede zwischen ihnen wirklich (außer im Image)?

Wie gut, nützlich, erfolgreich der Unterricht einer Schule ist, ist nicht leicht zu beurteilen. Viele Gesichtspunkte spielen eine Rolle:

• das Unterrichtsangebot einer Schule;
• die Qualität des Unterrichts und die Unterrichtsmethoden;
• die Lernangebote über den regulären Fachunterricht hinaus (Arbeitsgemeinschaften, Projekte, Praktika ...);
• die Abschlüsse, die an einer Schule erreicht werden können;
• die Zusammenarbeit der Schule mit außerschulischen Einrichtungen (Jugendpflege, Vereine, Firmen, Museen ...);
• das „Schulklima", das Zusammenleben und -arbeiten von Schüler/-innen, Lehrer/-innen und Eltern im „Lebensraum Schule";
• die äußeren Bedingungen: das Schulgebäude, die Klassen- und Fachräume und der Pausenhof.

Auf den folgenden Seiten finden Sie einige Hinweise und Anregungen für das genaue Hinschauen. Am besten gehen Sie die Checklisten durch, bevor Sie zum „Tag der offenen Tür" oder zur Informationsveranstaltung für Eltern gehen. Die Schulen werden Ihnen von sich aus viele Informationen geben, aber nicht unbedingt alle, die für Sie wichtig sind. Fragen Sie also nach – an einer „guten" Schule wird man Ihnen gern ausführlich Auskunft geben.

Das ist aber nur die eine Seite. Bei keiner Schule werden Sie alle Fragen der Checklisten positiv beantworten können. Jede Schule hat ihre starken Seiten und ihre Schwächen und Mängel. Die *Beste* aller Schulen gibt es nicht.
Aber Sie suchen ja auch nicht die Beste aller Schulen: Sie suchen die beste Schule *für Ihr Kind*. Und das ist die andere Seite: Welche Schule braucht *Ihr Kind?*
Wenn Sie also eine Schule „durchchecken", sollten sie immer von den besonderen Bedürfnissen und Fähigkeiten, den Stärken und Schwächen Ihres Kindes ausgehen. Wenn Sie sich die folgenden Fragen stellen, wird es Ihnen leichter fallen, aus dem Angebot der Schulen das herauszufiltern, was *für Ihr Kind* wichtig ist.

Wie lernt Ihr Kind?

Ist es ein „schneller Lerner" oder braucht es mehr Zeit zum Lernen? Lernt es ehrgeizig und mit hoher Motivation oder braucht es viele Anstöße von seiten der Eltern und Lehrer? Kann Ihr Kind schon sehr selbstständig lernen oder braucht es eher noch Unterstützung und Hilfe beim Lernen?

• Welche Schule entspricht eher der Lernweise Ihres Kindes?

Welche besonderen Fähigkeiten und Begabungen hat Ihr Kind?

Hat Ihr Kind Fähigkeiten, die in besonderem Maß gefördert werden sollten? Musikalische, künstlerische, sprachliche, mathematische, sportliche ...?

• Welche Schule bietet Ihrem Kind die Möglichkeit, seine besonderen Fähigkeiten gezielt zu entwickeln?

Braucht Ihr Kind besondere Förderung?

Hat Ihr Kind besondere Schwierigkeiten auf einzelnen Gebieten? Lese- und/oder Rechtschreibschwierigkeiten, Probleme in bestimmten Fächern, Schwierigkeiten mit dem Sprechen, Krankheiten ...?

• Welche Schule bietet entsprechende Fördermöglichkeiten an?

Hat Ihr Kind großes Selbstvertrauen oder ist es eher unsicher oder ängstlich?

Hier sollten Sie besonders darauf achten, welche Bedeutung das soziale Lernen in einer Schule hat, wie das „Schulklima" einer Schule ist und wie offen und gesprächsbereit Lehrer/-innen und Schulleitung sind.

• An welcher Schule entspricht die Atmosphäre eher den Bedürfnissen Ihres Kindes?

Soll sich Ihr Kind auch am Nachmittag (regelmäßig oder öfter) in der Schule aufhalten?

Aus vielerlei Gründen kann es nützlich sein, wenn Ihr Kind auch nachmittags in der Schule sein kann. Weil Sie selbst berufstätig sind, weil Ihr Kind in seiner Umgebung wenig Kontakt zu anderen Kindern hat, weil es in einer Schule am Nachmittag gute Freizeit- oder Lernangebote gibt ...

• Welche Schule bietet ein breites Nachmittagsangebot an Arbeitsgemeinschaften, Hausaufgabenbetreuung, Förderkursen, Projekten ...?

Schul-Check: Teil 1

Wie gut, nützlich oder erfolgreich der Unterricht einer Schule ist, ist nicht leicht zu beurteilen. Viele Gesichtspunkte spielen eine Rolle. Schulen führen in aller Regel Informationsveranstaltungen für Eltern durch: „Tage der offenen Tür", Informationsabende, Gespräche mit den Klassenlehrern der künftigen neuen Klassen. Nutzen Sie solche Gelegenheiten, um sich zu informieren und Fragen zu stellen.

CHECKLISTE ....

Schul-Check: Teil 1

Ja ~ Nein

■ Schulabschlüsse

Wissen Sie, welche Schulabschlüsse Schüler an dieser Schule erreichen können?

Wenn ein Schüler einen Abschluss erreicht hat: Kann er an dieser Schule bleiben und einen weiteren Abschluss erreichen, ohne die Schule zu wechseln (z. B. nach dem Hauptschulabschluss auch den Realschulabschluss oder nach dem Realschulabschluss das Abitur)?

Umgekehrt: Kann ein Schüler auch mit einem früheren Abschluss von der Schule abgehen (z. B. mit der Fachhochschulreife statt mit dem Abitur)?

■ Wege zu den Abschlüssen

Kann ein Schüler innerhalb einer Schule in eine „höhere" Schulform aufsteigen (z. B. vom Hauptschul- in den Realschulzweig), oder muss er bei einem solchen Wechsel auf eine andere Schule gehen?

Umgekehrt: Wenn ein Schüler in einer Schulform überfordert ist: Kann er innerhalb der Schule in eine andere Schulform wechseln, ohne die Schule verlassen zu müssen?

Projekte – einige Beispiele

- *Antarktisprojekt:*
Die Schüler/-innen und Lehrer/-innen einer Schule in Oldenburg haben Kontakte zu einer Forschungsstation in der Antarktis aufgebaut.
- *Radioprojekt:* Schüler informieren ihre Mitschüler in regelmäßigen Radiosendungen über wichtige Ereignisse.
- An vielen Schulen engagieren sich Schüler in der Aktion *„Schule ohne Rassismus"* gegen Intoleranz, Ausgrenzung und Gewalt.
- *Projekt Cafeteria:* An einigen Schulen betreiben Schüler in eigener Verantwortung die Schulcafeteria.
- *Partnerschaftsprojekte:* Projektgruppen vieler Schulen haben Kontakte zu Schülern und Schulen in Afrika, Asien und Lateinamerika und unterstützen sie.
- Die *„Energie-Agentur"* einer Schule in Südhessen plant und realisiert Energiesparmaßnahmen. Die Schüler/-innen haben gemeinsam mit ihrem Lehrer auf dem Dach der Schule eine große Photovoltaikanlage aufgebaut, die Sonnenlicht direkt in elektrische Energie umwandelt; der gewonnene Strom wird ins öffentliche Netz eingespeist.

■ Unterrichtsangebot

Hat die Schule besondere **fachliche Schwerpunkte** (sprachlich, naturwissenschaftlich, musisch ...)?
Welche Kurse werden im Wahlpflichtbereich angeboten?
Welche Leistungskurse gibt es in der gymnasialen Oberstufe?
Welche Angebote gibt es **zusätzlich zum Fachunterricht**?
Zum Beispiel ...
... Arbeitsgemeinschaften
... Projekte
... Sportteams
... Berufsvorbereitungsseminare
... Informationsveranstaltungen zum Studium
... Betriebspraktika
... Zusammenarbeit mit Ausbildungsbetrieben und/oder Hochschulen
... Chor, Orchester, Schulband
... Theatergruppen

■ Über die Schule hinaus ...

Arbeitet die Schule regelmäßig mit anderen Einrichtungen zusammen? Zum Beispiel ...
... mit Museen, Theatern, Bibliotheken
... Sportvereinen
... Einrichtungen der Jugendpflege
... Suchtberatungsstellen
... Ausbildungsfirmen
... Hochschulen
Kommen Fachleute aus solchen Einrichtungen (regelmäßig oder gelegentlich) in die Schule?
Arbeitet die Schule mit anderen Schulen zusammen (Grundschulen, Berufsschulen, Fachschulen ...)?

FR. SCHMID
HR. MALO
HR. DUR

[Checkliste]

■ **Selbstständiges, eigenverantwortliches Lernen …**
Sie sollten danach fragen, wie wichtig es den Lehrerinnen und Lehrern einer Schule ist, …
… das selbstständige Lernen zu fördern;
… ihre Schüler zu eigenverantwortlichem Lernen gemeinsam mit anderen Schülern anzuleiten.
Fragen Sie auch ganz konkret, welche Unterrichtsmethoden dazu eingesetzt werden.

[Info]

Die Qualität des Unterrichts
In der öffentlichen Diskussion über Schulen steht häufig der Ausfall von Unterrichtsstunden im Mittelpunkt. Natürlich wäre es gut, wenn die in den offiziellen „Stundentafeln" vorgesehenen Stunden auch wirklich stattfänden. Aber Vorsicht: Nicht jede Unterrichtsstunde ist eine sinnvolle, nützliche Stunde.
Wichtig ist in erster Linie die **Qualität des Unterrichts.** Internationale Vergleichsstudien (z. B. PISA oder TIMMS) haben den deutschen Schulen in den letzten Jahren in dieser Hinsicht leider kein gutes Zeugnis ausgestellt. Insbesondere stellten sie fest, dass Schüler in Deutschland nicht in ausreichendem Maß lernen, wie sie das Wissen, das sie sich angeeignet haben, auch selbstständig anwenden können. Manche Schulen haben daraus Konsequenzen gezogen und bemühen sich, mit veränderten Unterrichtsmethoden das eigenverantwortliche und selbstständige Lernen der Schüler zu fördern.
Skepsis ist angebracht, wenn eine Schule betont, dass sie in erster Linie an „bewährten" oder „klassischen" Methoden festhalten will. Die Ergebnisse der erwähnten Untersuchungen deuten darauf hin, dass sich die „klassischen Methoden" nicht sonderlich gut bewährt haben!

■ Zusammenleben in der Schule ...

Spielt an der Schule das soziale Lernen, das Zusammenleben und gemeinsame Lernen eine wichtige Rolle?

Gibt es eine regelmäßige (wöchentliche) Klassenlehrerstunde, in der über das Miteinander in der Klasse, über gemeinsame Unternehmungen, über Konflikte gesprochen wird?

Gibt es zu Beginn der 5. Klasse eine Einführungswoche (oder Einführungstage), die vor allem dem Kennenlernen und der Einführung in die neue Schule dient?

Unternehmen Klassen gemeinsame Fahrten? Wie oft? In welchen Klassenstufen?

Unternehmen Klassen gemeinsame Aktionen außerhalb des Unterrichts (Klassenfeste, gemeinsame Kinobesuche ...)?

■ Lehrerkollegium und Elternbeirat

Hat man Ihnen die Klassenlehrer/-innen der künftigen 5. Klassen vorgestellt?

Hatten Sie Gelegenheit, mit ihnen zu sprechen?

Haben Sie andere Lehrer/-innen der Schule kennen lernen können?

Welche Punkte waren den Lehrer/-innen besonders wichtig? Sind Sie der gleichen Meinung?

Konnten Sie mit einem Mitglied des Elternbeirats sprechen?

Vielleicht fallen Ihnen noch andere Punkte ein, auf die Sie achten wollen. Sie können sie hier eintragen.

Schul-Check: Teil 2

Schulen werben um Schüler. Deswegen präsentieren sie bei Eltern-veranstaltungen und in Zeitungsartikeln gerne ihre „Highlights". Dagegen ist nichts einzuwenden.

Sie sollten dabei jedoch nicht vergessen: Der Alltag in der Schule ist erst einmal der ganz „normale" Fachunterricht. Die Biologie-stunde. Der Englischvokabeltest. Das Übungsdiktat in Deutsch. Da-rüber erfahren Sie am „Tag der offenen Tür" oder bei einer anderen Elterninformationsveranstaltung nicht immer etwas.

Einiges können Sie aber leicht in Erfahrung bringen, wenn Sie ein-fach genau hinsehen ...

CHECKLISTE

Schul-Check: Teil 2

Ja ~ Nein

■ **Der Schulhof**

Bietet er Anregungen für Aktivitäten und Spiele in den Pausen?

Oder ist er eine reine „Betonwüste"?

Gibt es einen oder mehrere Plätze für Ballspiele mit Fußballtoren, Basketballständern ...?

Gibt es einen Schulgarten, in dem Schüler pflanzen und ernten können?

Gibt es einen geeigneten Abstellplatz für Fahrräder, Motorroller usw.?

■ **Das Schulgebäude**

Ist das Schulgebäude in einem ordentlichen Zustand? Wie sehen Wände, Fußböden, Türen, Fenster aus?

Wurden einige Wände unmittelbar vor dem „Tag der offenen Tür" frisch gestrichen, damit Sie einen positiven Eindruck bekommen?

Schauen Sie auch an die Decke im oberen Stockwerk: Reg-net es durch das Flachdach? (Das kommt leider häufig vor.)

Schauen Sie einmal in einen ganz gewöhnlichen Klassenraum …
Hier können Sie viel über die alltäglichen Arbeitsweisen und
Unterrichtsmethoden einer Schule erfahren.

■ **Auf den ersten Blick …**
Stehen die Tische so, dass Schüler in Gruppen- oder
Partnerarbeit gut zusammenarbeiten können?
Oder gibt es die typische Frontalsitzordnung – alle schau-
en nach vorn zum Lehrer, selbstständiges, gemeinsames
Lernen ist nicht vorgesehen?
Können Schüler ihre Bücher und Arbeitsmaterialien
irgendwo aufbewahren (Regale, Fächer, Schrank …)?

Lesen Sie dazu auch das Kapitel:
„Hilfe zur Selbsthilfe –
Lexika und Wörterbücher" (S. 43).

■ **Gibt es im Klassenraum Arbeitsmaterialien
(zusätzlich zu den Schulbüchern)?**
Lexika?
Rechtschreibwörterbücher (Duden)?
Wörterbücher für Fremdsprachen?
Eine Weltkarte oder andere Karten?
Materialien für Freiarbeitsstunden (Karteikarten, Ordner
mit Arbeitsblättern)?

■ **Was hängt an den Wänden?**
Bilder, die die Schüler im Kunstunterricht gemalt haben?
Auch Arbeitsergebnisse aus dem Unterricht in den anderen
Fächern? Poster, Zeichnungen, Tabellen, Diagramme,
Schaubilder, eine Zeitleiste aus dem Geschichtsunterricht …?
Gibt es eine Pinnwand zum Arbeiten mit Bildern, Postern,
Moderationskarten?
Eine Wandzeitung, in der die Schüler interessante
Zeitungsartikel, Bilder oder eigene Texte veröffentlichen
können?
Ein Infobrett mit wichtigen Terminen und Informationen?

Lassen Sie sich Fachräume zeigen ...
Je älter Ihr Kind wird, je weiter es in der Schule vorankommt,
desto öfter wird es gut ausgestattete Fachräume brauchen.
Und Räume und Angebote für selbstständiges Lernen.

■ **Welche Fachräume hat die Schule?**
Fachräume für Naturwissenschaften?
Kunsträume?
Musikräume?
Computerräume?
Werkräume für praktische Arbeiten?
Unterrichtsküche?
Raum für Theatergruppen/Bühne?

■ **Gibt es Räume für selbstständiges Lernen im Fachunterricht und in Freistunden?**
Hat die Schule naturwissenschaftliche Übungsräume, in denen Schüler selbst experimentieren können?
Stehen Schülern Gruppenarbeitsräume zur Verfügung?
Gibt es eine Bibliothek mit Kinderbüchern und Romanen, aber auch Fachbüchern und Lexika?
Haben Schüler Zugang zu Computern und zum Internet auch außerhalb des Unterrichts?
Gibt es Schülerarbeitsräume für eigenständiges Lernen in Freistunden?

■ **Welchen Eindruck machen diese Räume auf Sie?**
Werden sie regelmäßig genutzt?
Kümmert sich jemand um Ordnung und Ausstattung der Räume?

Mitmachen in der Schule

Manche Schulen suchen
Eltern, die
die Bibliothek betreuen.

Ihre Firma könnte Prakti-
kumsplätze für ein Betriebs-
praktikum anbieten ...

Sie wollen sich in der Schule Ihrer Kinder engagieren? In den meisten Schulen gibt es zahlreiche Möglichkeiten dafür. Fragen Sie
bei der Schulleitung, der Klassenlehrerin (dem Klassenlehrer)
oder beim Elternbeirat ihrer Klasse nach. Sie können sicher sein,
dass Ihre Hilfe (fast) immer willkommen ist.

Kommen Sie doch einfach mal vorbei – bei einem Schülerkonzert,
einer Theateraufführung, beim Fußballturnier, beim Schulfest ...

Ein Grillfest für alle
Schüler/-innen,
Eltern und Lehrer/-innen
der Klasse muss
organisiert werden ...

Was ich tun könnte:

Nächste Gelegenheit für einen
Besuch in der Schule:

Das
Nachmittagsangebot
vieler Schulen wird (teil-
weise) von „externen"
Kräften getragen. Können
Sie ein Angebot
machen?

Die Schüler/-innen,
die die Schulcafeteria
betreiben, brauchen
Unterstützung durch
Erwachsene ...

Der Klassenraum
muss renoviert werden.
Können Sie helfen?

Die etwas andere Lernreihe

Was ist zu tun, wenn Schüler mit dem Lernen Schwierigkeiten haben? Wenn Hausaufgaben und Klassenarbeiten ein Schrecken sind? Oder wenn die Freude am selbstständigen Arbeiten gefördert werden soll? „Lernen lernen" von Duden gibt Schülerinnen und Schülern die richtige Anleitung und Eltern die Sicherheit, ihre Kinder gezielt zu unterstützen.

■ **Konzentration**
Training von Gedächtnis Wahrnehmung und logischen Denken
4. – 6. Kasse
ISBN 3-411-71241-4

■ **Lerntipps**
Hilfen zur selbstständigen Verbesserung der Lern- und Arbeitstechniken
5. – 7. Klasse
ISBN 3-411-71251-1

■ **Hausaufgaben und Klassenarbeiten**
Ein Wegweiser zur erfolgreichen Bewältigung
5. – 7. Klasse
ISBN 3-411-71271-6

■ **Referate, Vorträge, Facharbeiten**
Von der cleveren Vorbereitung zur wirkungsvollen Präsentation
9. – 13. Klasse
ISBN -411-71821-8

Je Band:
Kartoniert. 96 Seiten.
9,95 € (D); 10,30 € (A); 17.50 sFr.